NATIONAL GEOGRAPHIC

styleguide Rom

Nicole Testa-Kerpen
Thilo Weimar

eat
shop
love it

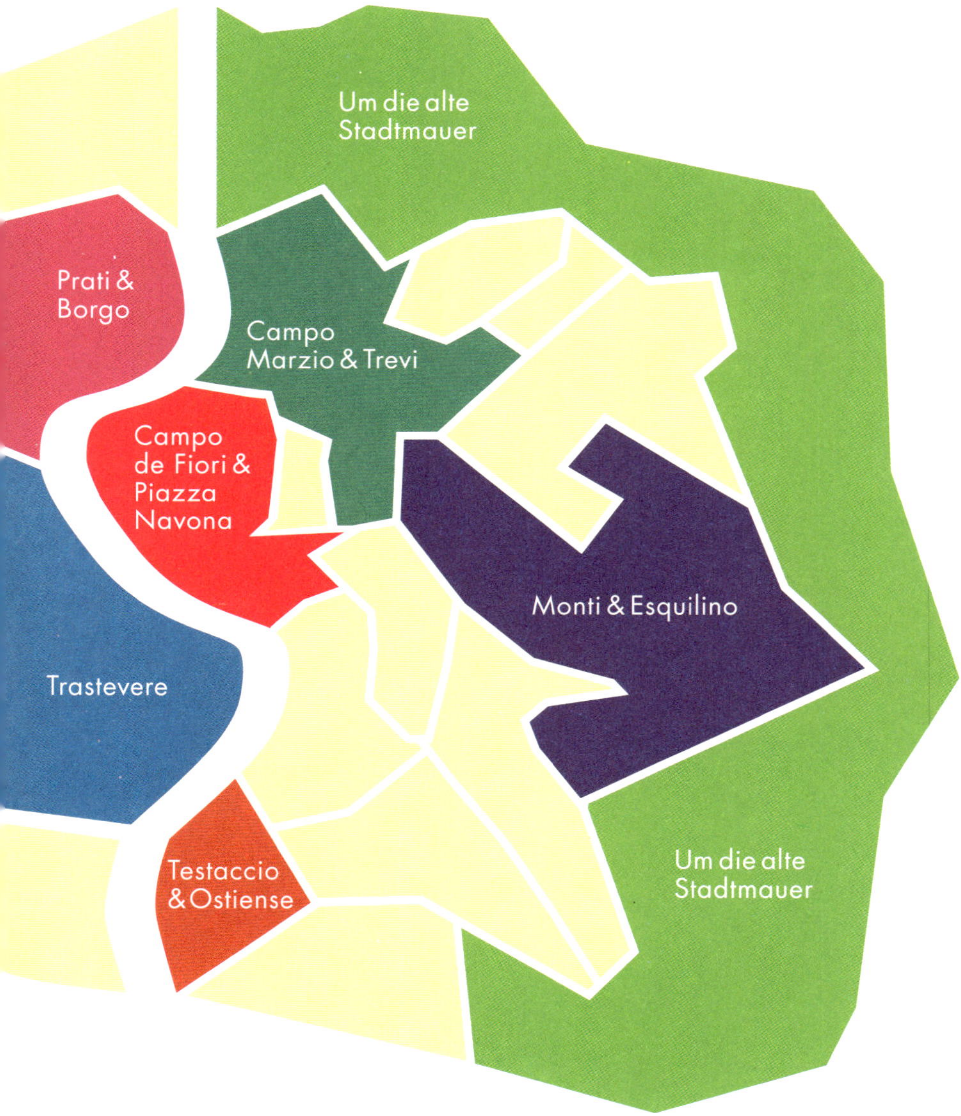
Um die alte Stadtmauer
Prati & Borgo
Campo Marzio & Trevi
Campo de Fiori & Piazza Navona
Monti & Esquilino
Trastevere
Testaccio & Ostiense
Um die alte Stadtmauer

INHALT

BENVENUTI A ROMA!

Willkommen in Rom – einem der schönsten Ziele für einen unvergesslichen City-Trip. Die Ewige Stadt quillt nur so über vor beeindruckenden Hinterlassenschaften antiker Römer und baufreudiger Päpste. Auf Schritt und Tritt begegnet man pompöser Architektur und großer Kunst aus rund 3000 Jahren Geschichte. Neben Petersdom, Kolosseum & Co. hat Rom noch viel mehr an Erstaunlichem zu bieten: Barocke Plätze. Romantische Restaurants, in denen das weltberühmte *dolce vita* zelebriert wird. Tolle Läden voller Design »Made in Italy«. Bunte Märkte. Und einen unverschämt blauen Himmel, der einen Großteil des Jahres über all diesen römischen Herrlichkeiten strahlt. Kein Wunder also, dass es Millionen von Touristen aus der ganzen Welt in die Stadt am Tiber zieht. Ganz egal, woher die Besucher kommen, sie alle stehen vor dem gleichen banalen und dennoch dramatischen Problem: Es gibt mehr Sehenswürdigkeiten zu verpassen, als freie Zeit, sie zu bewundern!

Um so viel Rom wie möglich zu Gesicht zu bekommen, lassen sich viele dazu verleiten, auf den überfüllten Touristenpfaden von einer Weltberühmtheit zur nächsten zu hetzen. Wer jedoch nicht hin und wieder aus dem Besucherstrom ausschert, dem entgeht so einiges! Ruhige Gassen zwischen barocken Fassaden, hinter denen sich Manufakturen und Boutiquen verstecken. Urbane Stadtviertel, in denen sich Künstler und angesagte Bars niedergelassen haben. Die junge römische Küche – jenseits von Touristenmenüs auf karierten Tischdecken. Und vor allen Dingen das pralle und oft chaotische römische Alltagsleben. Denn Rom ist nicht nur ein Open-Air-Museum, sondern eine Metropole, in der mehr als drei Millionen Menschen leben.

Als Bewohner der *caput mundi*, der einstigen Hauptstadt der Welt, sind die Römer mit ausreichend Selbstbewusstsein ausgestattet, um dem ständigen Verkehrschaos und ewigen Besucheransturm zu trotzen. Die barocken Paläste und antiken Ruinen bilden für sie die perfekte Kulisse für eine Lebensart, um die sie viele Menschen beneiden. Wie die meisten Italiener, wissen auch Römer zu genießen. Ohne Reue, mit ganz viel Leidenschaft und einem beneidenswerten Sinn für Schönheit. *Bella figura* zu machen, spielt in ihrem Leben eine ebenso entscheidende Rolle wie gutes Essen und Trinken. Römerinnen wie auch Römer lieben es, top gestylt durch die Gassen zu flanieren, einen Aperitif inklusive »Sehen und Gesehenwerden« zu genießen und später in einem Restaurant mit Freunden zu plaudern, zu lachen und stundenlang zu essen.

Für Experimentierfreude bei der Auswahl ihrer Speisen sind die römischen Gaumen jedoch nicht bekannt. In vielen Lokalen kommen daher traditionelle Gerichte auf den Tisch, die im Idealfall wie bei der *nonna*, der Oma, schmecken. Die Bewohner der Ewigen Stadt gelten als anspruchsvoll und konservativ, nicht nur kulinarisch. Wofür wir ihnen dankbar sein sollten! Ohne den römischen Hang zum Altbewährten könnte uns der Styleguide nicht an all die Orte führen, die aus der Zeit gefallen scheinen. Wir würden die Hutmanufaktur *Antica Manifattura Cappelli (S. 157)* ebenso verpassen wie einen Cappuccino im nostalgischen *Sciascia Caffè (S. 174)*.

»Rom ist nicht wie andere Städte. Es ist ein großartiges Museum, das man auf Zehenspitzen durchschreitet.«

Allerdings hängen nicht alle Römer der Vergangenheit nach. Immer mehr haben Lust auf Veränderung und schaffen sich ihre innovativen Räume rund um und zwischen all dem wunderbar Altmodischen. Kreative Köche wie die der *Retrobottega (S. 96)* wagen sich mitten in die touristische Altstadt. Moderne Kunst besetzt wie im Fall des *MAAM (S. 247)* eine Ex-Wurstfabrik. Und mit dem *Generator (S. 132)* zieht ein Design-Hostel in eine altehrwürdige Stadtvilla ein. Es tut sich viel Neues im alten Rom! Viel Spaß also beim Blättern, Entdecken und Genießen!

ROM TIPPS

WETTER UND REISEZEIT

Im Hochsommer wird es sogar den Römern zu heiß. Sie fliehen vor der stickigen Hitze ans Meer oder in die Berge. Wer jedoch Temperaturen über 35 Grad verträgt, wird im Juli und August mit zahlreichen Events und einem Rom ohne Verkehrschaos belohnt. Ideales Sightseeing- und Straßencafé-Wetter herrscht im Frühjahr und im Herbst. Was allerdings kein Geheimnis ist, und so wird es besonders rund um Ostern und im goldenen Oktober voll an den Hotspots der Stadt. Auch im Winter bei 4 bis 6 Stunden Sonnenschein pro Tag versprüht Rom seinen unwiderstehlichen Charme. Übrigens: Wenn es in der Ewigen Stadt mal regnet, dann richtig! Nicht umsonst besitzen überraschend viele Römer ein Paar Gummistiefel.

NAHVERKEHR

Der öffentliche Nahverkehr *(www.atac.it)* in Rom ist fast so schlecht wie sein Ruf. Das kleine Metronetz wird einer Millionenmetropole nicht gerecht. Die Linie A bringt Römer und Besucher der Stadt von West nach Ost, während die Linie B den Norden und Süden miteinander verbindet. Die schon lang geplante Linie C hat das Stadtzentrum bisher noch nicht erreicht. Am Wochenende fährt die Metro bis 1.30 Uhr, unter der Woche nur bis 23.30 Uhr. Stattdessen übernehmen Nachtbusse den Transport der Nachtschwärmer. Leider sind viele der Busse veraltet, defekt und oft überfüllt. Ein geregelter Fahrplan mit Abfahrtszeiten für jede Haltestelle existiert nicht. Mit etwas Glück verraten jedoch digitale Anzeigetafeln, wie lange man auf den nächsten Bus warten muss. Wer nicht unter Klaustrophobie leidet und sich ohne Termindruck ausschließlich im Zentrum fortbewegen möchte, kommt jedoch recht gut von A nach B. Und günstig! Ein Einzelticket kostet 1,50 Euro und gilt im Bus für 100 Minuten oder für eine Fahrt mit der Metro in ganz Rom. Ein 72-Stunden-Ticket gibt es schon für 17 Euro. Zu erwerben an Ticketschaltern in Metrostationen, in Zeitungs-Kiosken, Tabakläden usw. Achtung: In der Metro sowie in Buslinien, die zwischen Hauptbahnhof Termini und Petersdom pendeln und hauptsächlich Touristen transportieren, steigen auch gern Taschendiebe zu.

AUF ZWEI RÄDERN

Seitdem Audrey Hepburn und Gregory Peck in »Ein Herz und eine Krone« auf zwei Rädern durch Rom gebraust sind, träumen viele von einer romantischen Vespafahrt durch Rom. Erfüllen kann man sich den Traum beim Vespaverleih *(z. B. www.bicibaci.com)*. Aber Vorsicht! Der römische Verkehr ist chaotisch und kann gefährlich werden. Wagt man sich hier ans Steuer, sollte man auf höchst überraschende Fahrmanöver jenseits aller bekannten Verkehrsregeln vorbereitet sein. Wer nicht selbst fahren möchte, meldet sich bei Scooterino *(www.scooterino.it)* an und lädt die App der Mitfahrzentrale für motorisierte Zweiräder herunter. Jeder registrierter Fahrer, auch *scooterista* genannt, hat einen zweiten Helm und eine Hygienehaube dabei. Eine Mitfahrt im Zentrum kostet wenige Euro. Seit geraumer Zeit sieht man immer mehr Fahrräder im römischen Straßenbild. Allerdings fehlen separate Wege, und römische Autofahrer sind nicht an Drahtesel gewöhnt. Am sichersten lenkt man sein Leihfahrrad – wenn überhaupt – mitten im Zentrum über römisches Kopfsteinpflaster.

TAXI

Einsteigen sollte man in Rom grundsätzlich nur in legale Taxen. Die erkennt man an ihrer weißen Farbe und vor allem an einer Plakette auf den Seitentüren. Dort prangt das Wappen der Stadt Rom nebst einer Registriernummer. Beides minimiert die Gefahr, am Ende einer Fahrt eine völlig überzogene Rechnung präsentiert zu bekommen. Für Fahrten vom Zentrum zu den beiden römischen Flughäfen (und umgekehrt) gelten Festpreise, die am Taxi vermerkt sind. Überall in der Stadt befinden sich an zentralen Punkten offizielle Taxi-Stopps. An Wochenend-Abenden sollte man Wartezeit einkalkulieren.

ESSEN

Die typisch römische Küche ist einfach, deftig und lecker. Auf den traditionell gedeckten Tisch kommen frittierte Artischocken *(carciofi alla giudia)*, Pasta mit reichlich Pecorino und Pfeffer *(cacio e pepe)* oder Ochsenschwanz-Ragout *(coda alla vaccinara)*. Etwas raffinierter und mediterraner geht es nicht nur in den Sterneküchen der Stadt zu. Auch die junge Kochszene weiß die römische Küche kreativ zu interpretieren. Ein Besuch im Ristorante, in der Osteria oder Trattoria kann, muss aber kein teures Vergnügen sein! Für den kleinen Hunger bieten Streetfood-Läden appetitliche Lösungen. Vom sensationell belegten Brötchen bis zur veganen Rohkost. Abends öffnen die meisten Restaurants gegen 19.30 Uhr ihre Türen. Hat man eine Wunsch-Location im Auge, sollte man vorsichtshalber (am Wochenende unbedingt) reservieren, auch wenn die Römer selbst erst relativ spät zum Essen ausgehen. Sie erscheinen gegen 21 Uhr in den Lokalen, im Sommer sogar noch später. Kein Wunder, dass das Frühstück am nächsten Morgen mit einem Cappuccino und vielleicht einem *cornetto* (Hörnchen) eher klein ausfällt.

KAFFEE

Was bei uns Espresso heißt, nennt der Italiener *caffè*. Zu sich genommen wird das kleine, starke Getränk mehrfach am Tag. Meistens im Stehen an einem Tresen in einer der unzähligen Café-Bars der Stadt. Cappuccino hingegen genießt der Römer zum Frühstück und runzelt verwirrt die Stirn, wenn die Nordeuropäer dies noch am Abend tun. Egal für welche der vielen Kaffee-Spezialitäten man sich zu welcher Uhrzeit entscheidet: Am Tisch im Sitzen getrunken, kosten sie deutlich mehr als am Tresen im Stehen genossen. Ein Blick vorab in die Preisliste lohnt sich besonders in der Nähe der beliebtesten Sehenswürdigkeiten.

APERITIVO

Prendere un aperitivo ist ein beliebter Zeitvertreib ab 18 Uhr in Rom und ein wenig mit unserer Happy Hour vergleichbar. Man trifft sich mit Kollegen und Freunden auf ein Glas Wein oder einen Cocktail. In vielen römischen Lokalen und Restaurants ist im Getränkepreis der Gang zu einem Aperitivo-Buffet inbegriffen. Manch ein Buffet fällt so üppig aus, dass man sich anschließend das Abendessen im Restaurant sparen kann. Gegen 21 Uhr hat das Aperitivo-Vergnügen oft ein Ende, weil die Tische für die *cena*, das Abendessen, gebraucht werden. Einen schicken Aperitivo mit netten Häppchen und Weitblick über Rom bieten übrigens zahlreiche Hotels auf ihren Dachterrassen auch für Nicht-Gäste an.

ÖFFNUNGSZEITEN

Die internationalen Stores im Zentrum haben in der Regel von Montag bis Sonntag zwischen 10 und 20 Uhr geöffnet. Die kleineren Geschäfte sind da eher unberechenbar: Einige öffnen erst gegen 11 Uhr, legen dann ab 14 Uhr eine Mittagspause ein, um zwei Stunden später wieder für die Kunden da zu sein. Sonntags und am Montagvormittag bleiben viele Einzelhändler geschlossen. Supermärkte hingegen sind sieben Tage die Woche bis 22 Uhr und länger geöffnet. Die unterschiedlichen Öffnungszeiten der Museen, die – bis auf einige Ausnahmen – montags **nicht** zu besuchen sind, checkt man am besten im Internet.

AUSGEHEN

Am meisten Spaß macht das römische Nachtleben draußen auf den Straßen und Plätzen. Gemeinsam mit Freunden unternimmt man eine *passeggiata*, einen Spaziergang, und zieht von einem Lokal zum nächsten. Ideal für solch eine Nachtwanderung sind die Gassen zwischen Campo de' Fiori und Piazza Navona, im pittoresken Monti und im beliebten Trastevere. Bedeutend weniger Touristen aus der ganzen Welt trifft man in den Restaurants und Bars der jungen Ausgehviertel Testaccio, Ostiense und Pigneto. Außerdem bietet Rom einen prall gefüllten Veranstaltungskalender (S. 254), der besonders von Juni bis September mit tollen Musikfestivals und Open-Air-Events hinaus in die lauen Nächte lockt.

RISTORANTE, SPECIALITÀ EBRAICHE E ITALIANE
SPECIALITÀ EBRAICHE

EIN TAG IN ROM

Auf der Website *unterwegs-in-rom.eu* führe ich meine Leser unter der Rubrik **Backstage** hinter die Kulissen der immer gut besuchten römischen Sehenswürdigkeiten. Sie lernen verträumte Gassen, angesagte Boutiquen oder großartige Restaurants kennen, die ganz unverhofft nur einen Katzensprung von Piazza Navona, Kolosseum & Co. entfernt liegen. Unseren heutigen Tag abseits der Touristenströme starten wir typisch italienisch, und zwar mit einem Cappuccino am Tresen der **Bar Giulia** (S. 48). Danach lassen wir uns eine Weile durch die romantischen Gassen rund um den **Campo de' Fiori** treiben (S. 39). Einen Zwischenstopp müssen wir unbedingt im **Chez Dédé** (S. 28) einlegen, um dort in wunderbaren Lifestyle-Ideen und Design-Objekten zu stöbern. Anschließend werfen wir einen genaueren Blick in das **Retropose** (S. 19) und auf die hippen Handtaschen zweier junger Römerinnen. Passende Fashion gibt es für sie und ihn im nahen und angesagten Conceptstore von **OfficineReD** (S. 32). Nach einem Besuch des bunten Marktes auf dem Campo de' Fiori, kann ein Energiekick nicht schaden. Den holen wir uns in Form einer der besten *caffè* (Espresso) von ganz Rom im **Roscioli Caffè** (S. 25). Auf dem nahen Platz **Largo di Torre Argentina** beobachten wir eine Weile die wilden Katzen, die seit Jahren zwischen den Ruinen antiker Tempel leben. Nach dem Besuch des nicht weit entfernten **Pantheon** legen wir eine kleine Schnupperpause in der Parfüm-Galerie von **Tonatto Profumi** (S. 74) ein. Langsam aber sicher füllen sich die Straßen mit Touristen aus der ganzen Welt. Das Rauschen des **Trevibrunnens** ist vor Stimmengewirr kaum zu hören. Wir beschließen, morgen noch einmal zu kommen, um eine Münze in den Brunnen zu werfen. Vielleicht am frühen Abend, wenn die Bustouristen die Stadt verlassen haben. Der Menschenstrom fließt in Richtung Spanischer Treppe, während wir über die **Piazza di San Lorenzo in Lucina** (S. 92), vorbei am sehenswerten **Museo dell'Ara Pacis** (S. 101), zum **Holypopstore** (S. 34) schlendern, um dort Schuhe zu shoppen. Denn nichts geht über schicke und bequeme Sneaker auf römischem Kopfsteinpflaster! Jetzt sind wir bereit für die Eroberung der Spanischen Treppe. Oben angekommen, ist es langsam Zeit für einen Lunch. Und zwar mit einem sensationellen Ausblick, den nur das **Colbert** (S. 68) bietet. Nachdem uns bei einem knackigen Salat die Ewige Stadt zu Füßen gelegen hat, machen wir eine kurze Siesta auf einer Bank in der grünen Parkanlage **Villa Borghese** (S. 234) und bekommen Lust auf Kultur. Mit der Tram 2 geht es raus aus dem Zentrum zum Museum **MAXXI** (S. 236). Die dort ausgestellten zeitgenössischen Kunstwerke sind ebenso interessant wie das Gebäude selbst. Im **Neve di Latte** (S. 235) gönnen wir uns noch schnell ein leckeres Eis, bevor es zurück in Richtung Zentrum geht. Dort steigen wir in die Metro A und fahren bis zum Hauptbahnhof Termini. Um dem Trubel zu entfliehen, braucht es keine fünf Minuten, und schon steht man mitten im Viertel **Monti** (ab S. 108), durch dessen Gassen wir vorbei an tollen Shops und Kunsthandwerkern bummeln. Unser Hostel, das **Generator** (S. 132), liegt nicht weit entfernt. Schick gemacht für einen langen römischen Abend, geht es nach Trastevere auf einen *aperitivo* ins **Freni e Frizioni** (S. 195). Zum späten Abendessen haben wir im **Coromandel** (S. 58) reserviert. Beschwingt von der kreativen Küche und dem tollen Wein, ziehen wir von dort durch die Gassen rund um die Piazza Navona und trinken Cocktails unter römischem Sternenhimmel. Bei einem letzten Absacker und Pianomusik machen wir im **Argot** (S. 52) schon wieder Pläne für unseren nächsten Backstage-Tag in Rom.

»Wer Rom noch nicht gesehen hat, weiß nicht, wie schön das Leben sein kann.«

TXRL

CAMPO DE FIORI & PIAZZA NAVONA

Mitten im Herzen der römischen Altstadt verstecken sich zwischen den prunkvollen Fassaden barocker Paläste romantische Gassen, die zu einem Spaziergang auf typisch römischem Kopfsteinpflaster einladen. Rund um den viel besuchten Campo de' Fiori und die weltbekannte Piazza Navona gibt es kleine Manufakturen, reizende Boutiquen und einladende Cafés jenseits des Touristentrubels zu entdecken. Am Abend erobert die *movida*, das römische Partyvolk, die Gegend. Dann wird auf den Plätzen und in unzähligen charmanten Restaurants, coolen Flüsterbars oder angesagten Bierkneipen das berühmte italienische *dolce vita* zelebriert.

SHOPS

2 SBU
3 Retropose
4 Delfina Delettrez
7 Di San Giacomo
10 Chez Dédé
13 OfficineReD
15 Antica Libreria Cascianelli
18 Bracci
19 Arsenico 36
21 Mondello Ottica
23 Lela
24 Cartonnage Legatoria dell'Orso
26 Forno Campo de' Fiori
27 Lisa Corti, Home Textile Emporium
31 Retrò
32 Picta

CAFÉ

6 Etablì
8 Roscioli Caffè Pasticceria
30 Emporio alla Pace

ESSEN

9 Pianostrada
12 ZUM-Tiramisu
20 Osteria delle Coppelle
34 Coromandel

KUNST & KULTUR

11 Chiostro del Bramante
17 Campo de' Fiori
25 Via Giulia
33 Galleria Varsi

AUSGEHEN

5 Jerry Thomas Project
16 Open Baladin
22 Shari Vari Playhouse
28 Argot

HOTEL

1 G-ROUGH
14 Hotel Raphaël
29 Banco 19

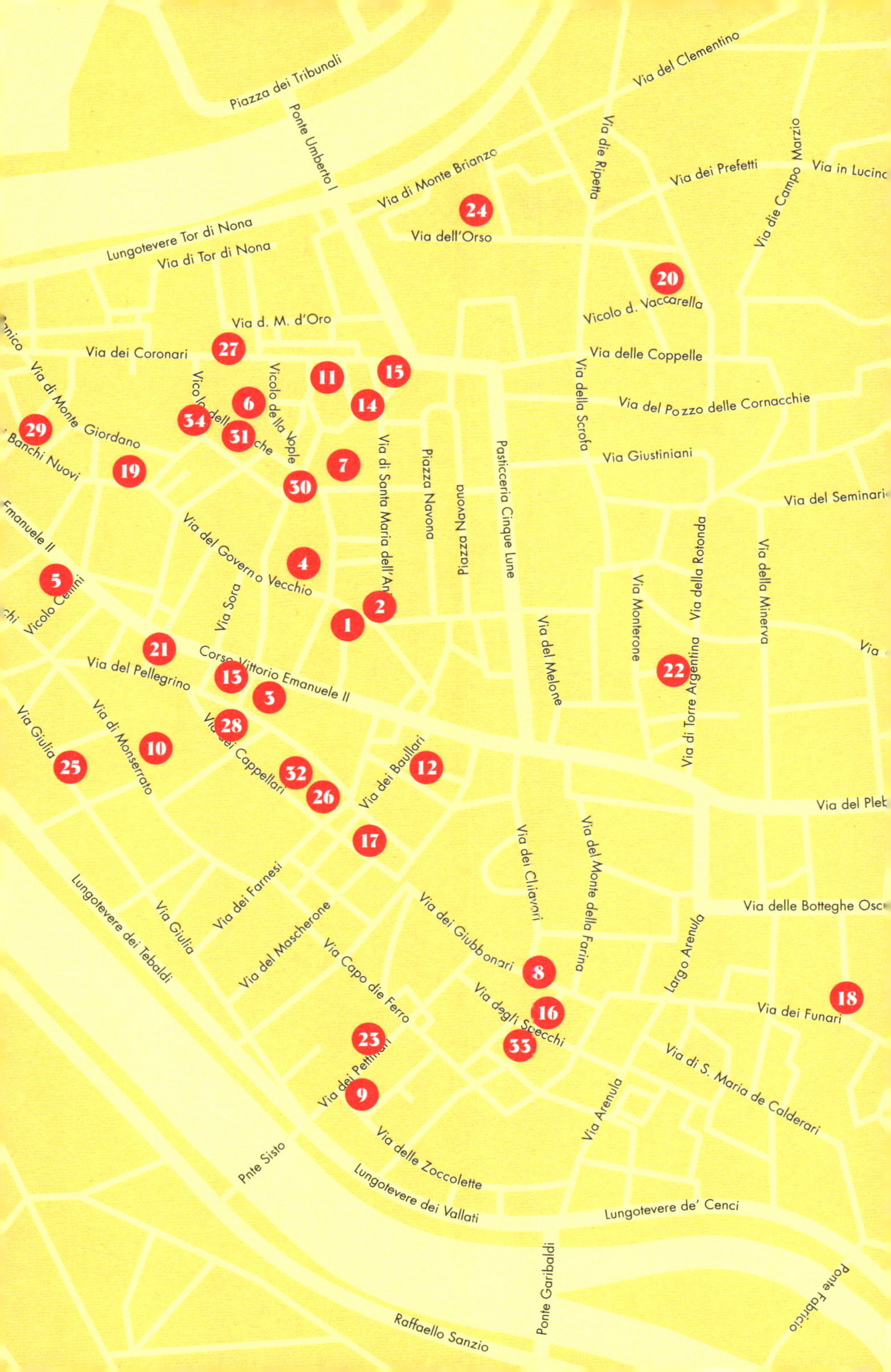

Piazza dei Tribunali
Ponte Umberto I
Via del Clementino
Via die Ripetta
Via di Monte Brianzo
Via dei Prefetti
Via die Campo Marzio
Via in Lucina
Lungotevere Tor di Nona
Via di Tor di Nona
Via dell'Orso
Vicolo d. Vaccarella
Via d. M. d'Oro
Via dei Coronari
Via delle Coppelle
Via della Scrofa
Via del Pozzo delle Cornacchie
Via di Monte Giordano
Banchi Nuovi
Vicolo della Vople
Via di Santa Maria dell'Ani
Piazza Navona
Pasticceria Cinque Lune
Via Giustiniani
Via del Seminari
Via del Governo Vecchio
Via della Rotonda
Via della Minerva
Via Monterone
Vicolo Cellini
Via Sora
Via del Melone
Corso Vittorio Emanuele II
Via del Pellegrino
Via di Torre Argentina
Via Giulia
Via di Monserrato
Via dei Cappellari
Via dei Baullari
Via del Pleb
Via dei Chiavari
Via del Monte della Farina
Lungotevere dei Tebaldi
Via dei Farnesi
Via delle Botteghe Osc
Via del Mascherone
Via dei Giubbonari
Largo Arenula
Via Capo die Ferro
Via degli Specchi
Via dei Funari
Via dei Pettinari
Via di S. Maria de Calderari
Via Arenula
Pnte Sisto
Via delle Zoccolette
Lungotevere dei Vallati
Lungotevere de' Cenci
Ponte Garibaldi
Ponte Fabricio
Raffaello Sanzio
1
2
3
4
5
6
7
8
9
10
11
12
13
14
15
16
17
18
19
20
21
22
23
24
25
26
27
28
29
30
31
32
33
34

1 G-ROUGH

Wer im Hotel von Gabriele Salini und Emanuele Garosci eincheckt, den erwarten Luxus und Design »Made in Italy«. In einem Palast aus dem 17. Jahrhundert kombinierten die beiden mit Unterstützung von Künstlern und Innenarchitekten unverputzte Wände und alte Holzdecken mit moderner Kunst und Möbelstücken italienischer Designikonen. Entstanden ist ein Gesamtkunstwerk über fünf Etagen, das ohne Rezeption auskommt. Dafür gibt es in der Lobby eine Galerie, in der junge Talente ihre Kunst ausstellen.

Piazza di Pasquino 69, 00186 Rom
www.g-rough.com

SILVIO
JOE
OSVALDO

2 SBU

SBU steht für Strategic Business Unit und die angesagtesten Jeans in ganz Rom. Die Denim-Kreationen aus japanischer Baumwolle haben es schon an den Beinen der Rolling Stones ins Rampenlicht geschafft. Wie beliebt ihre in Italien handgefertigten Jeans unter den VIPs sind, lassen Cristiano und Patrizio Perfetti lieber unerwähnt. Die Brüder setzen verbal ebenso auf Understatement wie bei der Optik ihres Stores. In den Holzregalen findet Mann außerdem Shirts, Pullover, coole Lederjacken und Schuhe.

Via di San Pantaleo 68–69, 00186 Rom
www.sbu.it

3 Retropose

Wer sich auf der Suche nach einem römischen It-Piece befindet, für den ist ein Besuch des Ateliers in der Nähe des Campo de' Fiori ein absolutes Muss. Unter dem Label Retropose entwerfen und fertigen die jungen Designerinnen Federica Cremisini und Giulia Mitarotonda coole Handtaschen und ausgefallene Accessoires aus Leder. Sollte das Objekt der Begierde nicht in der gewünschten Farbe vorrätig sein, greifen Federica und Giulia übrigens gern zur Nähmaschine und fertigen das individuelle Stück eigenhändig an.

Via del Pellegrino 60, 00186 Rom
www.retropose.com

4 Delfina Delettrez

Weltweit vertreibt die Schmuckdesignerin aus der Fendi-Familie ihre außergewöhnlichen Kreationen in nur zwei Shops. Einer befindet sich in London, der andere im Herzen der römischen Altstadt. Optisch ist der Laden einer Schmuckschatulle nachempfunden. Die Wände sind mit Stoff in Absinthgrün ausgeschlagen, und in den unzähligen weißen Schubladen warten Ringe, Armbänder oder Ketten auf eine neue Besitzerin. Gefertigt werden die edlen Stücke in modernem Design in traditioneller Handarbeit.

Via del Governo Vecchio 67,
00186 Rom, www.delfinadelettrez.com

5 Jerry Thomas Project

Nur wer das aktuelle Passwort kennt, erhält Zutritt in die Speakeasy-Bar, in der es so aussieht wie in den wilden 1920er-Jahren der amerikanischen Prohibition. Trotz Vintage-Charme gelten hier strenge Regeln: Es wird leise gesprochen, der Barkeeper hat immer Recht, und die Reservierung muss telefonisch zwischen 14 und 18 Uhr abgegeben werden. Wer dann das Glück hat und ein Passwort erhält, wird mit exzellenten Drinks belohnt. Nicht umsonst zählt das Lokal zu den Top-50-Bars in der Welt.

Vicolo Cellini 30, 00186 Rom
www.thejerrythomasproject.it

6 Etablì

Das Lokal im Shabby-Chic-Look nahe der Piazza Navona ist von morgens bis spätabends geöffnet. Zum Frühstück duftet es verführerisch aus der eigenen Bäckerei, die Nachschub an köstlichen Muffins liefert. Schokoholics müssen unbedingt die Brownies mit Pistazien kosten! Für einen guten Start in den Tag sorgt außerdem die große Auswahl an Kaffee-Varianten, darunter auch eine vegane und lactosefreie. Im Lauf des Tages wandelt sich das Etablì von einem gemütlichen Café in eine angesagte Wein- und Cocktailbar.

Vicolo delle Vacche 9, 00186 Rom
www.etabli.it

ETABLI
ETABLI

ATLANTIC
ODEON

7 Di San Giacomo

Damen mit einem Faible für zartes Schuhwerk werden die handgefertigten Sandalen von Di San Giacomo lieben! Die schlichte Variante entsteht aus farbigen Lederriemen und kann bereits nach einer halben Stunde perfekt sitzend getragen werden. Soll es rund um die Zehen auffällig werden, kommen bunte und glitzernde Steine ins Spiel. Die Fertigung solcher Schmuckstücke für den Fuß kann ein paar Tage Zeit in Anspruch nehmen. Was Kurzreisende nicht beunruhigen sollte, denn die Sandalen werden auch ins Ausland verschickt.

Via di Tor Millina 10/11, 00186 Rom

8 Roscioli Caffè Pasticceria

Der Andrang auf den Café-Newcomer ist groß. Berührungsängste sind fehl am Platz, wenn man einen der besten *caffè* in Rom dicht gedrängt im Stehen probieren möchte. Die Bohnenmischung ist selbst zusammengestellt, und auch die Kaffeemaschinen sind nicht unschuldig am intensiven Geschmack. In aller Munde sind die süßen Backwaren, die in einer gläsernen Auslage präsentiert werden. Die Maritozzi, eine römische Spezialität aus Hefeteig mit süßer Sahne, sind ein Traum!

Piazza Benedetto Cairoli 16, 00186 Rom
www.roscioliccaffe.com

9 Pianostrada

Im Pianostrada gibt es köstliches und kreatives Streetfood, garniert mit einer gehörigen Portion Frauenpower. Chiara, Paola und ihre Töchter Flaminia und Alice servieren belegte Brötchen, Snacks, Pasta und Süßes auf höchstem Niveau dank Spitzen-Zutaten aus der Region und viel Handarbeit. Vom Brötchen bis zur Mayonnaise wird alles selbst hergestellt. Eine Spezialität der vier Damen ist der »Baccaburger«. Er besteht aus einem dunklen Brötchen, belegt mit Stockfisch, Tomatenkonfit und Zucchiniblüten.

Via delle Zoccolette 22, 00186 Rom
www.pianostrada.com

10 Chez Dédé

Im Chez Dédé gibt es viele schöne Dinge im italienischem Stil und diesem gewissen französischen *je ne sais quoi* zu entdecken. Daria Reina und Andrea Ferolla, eine französisch-italienische Designerkombination, arbeiten als Art-Direktoren für Luxusmarken, wenn sie nicht gerade Taschen für Chez Dédé entwerfen, auf der Suche nach exklusiven Mini-Lifestyle-Ideen sind oder in ihrem Conceptstore französische Interieur-Labels arrangieren. Der geschmackvolle Laden steckt voller Inspirationen.

Via di Monserrato 35, 00186 Rom
www.chezdede.com

Columbine

Suze

11 Chiostro del Bramante

Donato Bramante hat das Renaissancegebäude entworfen, in dem sich heute ein Museum befindet. Die Ausstellungen berühmter Künstler sind ebenso sehenswert wie der zweistöckige Kreuzgang. In der oberen Etage liegen ein Café mit romantischen Sitzplätzen im Kreuzgang sowie ein Buchshop. In der Sala delle Sibille wartet ein besonderes Highlight: der Blick in die benachbarte Kirche auf ein Fresko von Raffael, der auch in den Papstgemächern, den Stanzen des Vatikans, sein Können unter Beweis gestellt hat.

Via Arco della Pace 5, 00186 Rom
www.chiostrodelbramante.it

12 ZUM-Tiramisu

Im Italienischen steht ZUM für die ersten Buchstaben der drei Grundzutaten der leckeren Nachspeise: Zucker, Eier *(uova)* und Mascarpone. Mit Bio-Siegel natürlich. Denn alles, was in die Becher von ZUM kommt, erfüllt höchste Qualitätsstandards. In der gläsernen Küche des kleinen Ladens werden köstliche Geschmacksrichtungen hergestellt: klassisch, mit Pistazien, Waldfrüchten oder Rum. Wer um die schlanke Linie fürchtet, darf sich die Light-Variante gönnen – mit leichtem Ricotta statt Mascarpone.

Piazza del Teatro di Pompeo 20,
00186 Rom, www.zumroma.it

13 OfficineReD

Der Fashionshop im Industrial-Look liegt in einer ruhigen Seitenstraße des Campo de' Fiori. Sowohl Damen als auch Herren auf der Suche nach ausgefallenen Einzelstücken, angesagten Marken und dazu passenden Accessoires werden den Laden zu schätzen wissen. Auf ausrangierten Werkzeugtischen liegen Shirts von Maison Kitsuné neben Schuhen von L'Autre Chose. Vor unverputzten Wänden hängen Mäntel von Norwegian Rain und teilen sich die Stange mit Stücken aus der neuen Fred-Perry-Kollektion.

Via del Pellegrino 79, 00186 Rom
www.officinered.com

ArtReview
LUXE
LUXE

14 Hotel Raphaël

Hinter der wohl schönsten Fassade Roms verbirgt sich ein Fünfsternehotel, in dem Spitzenservice auf Kunst trifft. Im Foyer wird der Gast von Mirò-Gemälden und Keramik von Picasso begrüßt. Darüber tragen zwei Etagen die Handschrift des Star-Architekten Richard Meier. Gekrönt wird das Ganze von einer Dachterrasse mit Blick auf Rom. Um den zu genießen, muss man zwar reservieren, jedoch kein Hotelgast sein. Im Restaurant La Terrazza Bramante wird biologisch, vegetarisch und vegan auf höchstem Niveau gekocht.

Largo Febo 2, 00186 Rom
www.raphaelhotel.com

15 Antica Libreria Cascianelli

Wer vor der Eingangstüre mit Antik-Charme steht, ahnt, dass er gleich einen ganz besonderen Ort betreten wird. Dicke Wälzer und schmale Bücher mit Patina stapeln und quetschen sich in deckenhohen, dunklen Regalen. Über die unglaubliche Auswahl an Dingen mit Geschichte wird man sich erst in der Antik-Buchhandlung bewusst. Alles hier scheint irgendwie aus der Zeit gefallen zu sein. Alte Drucke und Stiche. Uhren und Globen. Postkarten aus dem 19. Jahrhundert. Schriftstücke und Zeitschriften.

Largo Febo 15/16, 00186 Rom

16 Open Baladin

Im Land von Chianti und Frascati hat Bier in den letzten Jahren einen Boom erlebt. Mehr als 80 italienische Biere aus Mikrobrauereien stehen im Open Baladin auf der Karte. Ein Teil davon strömt durch die 44 Zapfhähne der coolen Kneipe, in der ab mittags die Küche durchgängig geöffnet ist. Zu den besten ihrer Art in Rom gelten die Burger. Sogar Veganer kommen bei der Speisekarte nicht zu kurz, und wem der Trubel im unteren Stock zu groß ist, der zieht sich nach oben ins Wohnzimmer »Anno Dazumal« zurück.

Via degli Specchi 6, 00186 Rom
www.openbaladinroma.it

LE TROU DU DIABLE
La BUTEUSE
Ale extra-forte
Extra-Strong Ale

gocci
birra
un baci
del parad

baladin
open
le birre artigianali

birra baladin
baladin
open
ROMA

ISTORANTE

17 Campo de' Fiori

Längst hat sich das Angebot des bekanntesten Marktes in Rom auf die Bedürfnisse seiner internationalen Besucher eingestellt. Wer keinen Limoncello in Stiefelform erwerben möchte, betritt die Buchhandlung Fahrenheit 451. Dort lagern wahre Bücherschätze. Gegen Abend verschwinden die Marktstände, und zum Abendessen füllen sich die Restaurants rund um den Platz. Wer es traditionell mag, kehrt in das nahe Dar Filettaro ein und kostet frittierten *baccalà* (Stockfisch).

Fahrenheit 451, Piazza Campo de' Fiori 44, 00186 Rom | Dar Filettaro, Largo dei Librari 88, 00186 Rom

18 Bracci

Hier lässt der modebewusste Römer seine Hemden und Anzüge schneidern. In dem Laden im Miniaturformat werden Stoffe ausgesucht, Kragenformen besprochen, Maße genommen, Hosenbeine abgesteckt und Manschettenknöpfe ausprobiert. Gefertigt werden die perfekt sitzenden Stücke in Italien, aber anschließend auch gerne ins Ausland verschickt. Wer nun glaubt, ein Hemd auf Maß *Made in Italy* wäre ein sündhaft teures Modevergnügen, der wird vom erfreulichen Preis-Leistungs-Verhältnis überrascht sein.

Via dei Funari 18, 00186 Rom
www.camiceriabracciroma.it

19 Arsenico 36

Bei einem Spaziergang über die Via del Governo Vecchio schlendert man an den Auslagen einiger Modeboutiquen vorbei. Die Schaufensterpuppen von Arsenico 36 stechen durch ihren stilsicheren Look besonders hervor. Wer auf der Suche nach einem Outfit ist, bei dem vom trendigen Pullover bis hin zum schicken Schuh alles aufeinander abgestimmt ist, sollte sich vom Schaufenster losreißen und die Boutique betreten. Beim Stöbern trifft man dort hauptsächlich auf europäische Labels: French Connection, Evaluna oder Becksondergaard.

Via del Governo Vecchio 36, 00186 Rom

20 Osteria delle Coppelle

Mitten auf der Piazza delle Coppelle, neben einem kleinen Wochenmarkt, laden bunte Stühle und Tische zum ruhigen Lunch ein. Die Plätze gehören zur Osteria delle Coppelle, die im Retrolook eingerichtet ist, aber die traditionelle römische Küche gerne modern interpretiert. So stehen auf der Karte *cicchetti,* Mini-Gerichte, ähnlich wie Tapas, die besonders gut am frühen Abend zu einem Glas Wein schmecken. Durch einen weißen Wandschrank betritt man zu späterer Stunde die angesagte Flüsterbar Club Derrière.

Piazza delle Coppelle 54, 00186 Rom
www.osteriadellecoppelle.com

21 Mondello Ottica

Allein die spektakuläre Schaufenstergestaltung des Optikers lohnt den Weg vom Campo de' Fiori zu dem Laden in einer ruhigen Seitenstraße. Regelmäßig kreieren zeitgenössische Künstler die Auslage von Mondello Ottica neu, um die Brillen internationaler Designer in Szene zu setzten. Im Geschäft werden die Rahmen und Gestelle wie kleine Kunstobjekte in einer schneeweißen Galerie präsentiert. Wem noch eine ausgefallene Sonnenbrille in der heimatlichen Kollektion fehlt, der ist hier genau richtig.

Via del Pellegrino 98, 00186 Rom
www.mondellootica.it

22 Shari Vari Playhouse

Tanzen und Feiern mitten im Herzen von Rom? Die In-Diskothek macht das jeden Abend unter einem anderen Motto möglich. Auf mehreren Etagen treffen sich römische und internationale Partygänger, um die Nacht zum Tag zu machen. Freunde von Rockmusik werden den Club Caveau mögen. House gibt es eine Etage höher in einem üppigen Barocksaal, während daneben Livebands die Stimmung aufheizen. Bei Tageslicht verwandelt sich die Disko in eine Cafeteria mit Lunchbuffet und in ein schickes Restaurant.
Via de' Nari 14, 00186 Rom
www.sharivari.it

23 Lela

In Lelas wunderbaren Laden für Küchenaccessoires und Haushaltswaren ist halb Rom verliebt. Die römische Hausfrau auf der Suche nach einer Markenbürste *Made in Germany* schaut ebenso vorbei wie die Trendsetterin, die ein It-Piece für ihren Küchentisch braucht. Hauptsächlich mit nordeuropäische Marken wie IB Laursen oder Madam Stoltz verdreht Lela den Römern den Kopf. Ob Gläser, Krüge oder Leinentücher, alles ist so liebevoll präsentiert, dass es schwer fällt, den Laden mit leeren Händen zu verlassen.

Via dei Pettinari 37, 00186 Rom
www.lelacasa.com

24 Cartonnage Legatoria dell'Orso

Die kleine Via dell'Orso hat schon in großen Hollywoodproduktionen mitgespielt. Als Julia Roberts für *Eat Pray Love* über die Straße gewandelt ist, muss sie an dem Laden von Federica Mendaia vorbeigegangen sein. Der ist eine Schatzkammer voll mit Papieren aus der ganzen Welt. Sie sind bunt bedruckt, schlicht aus Naturfasern, recycelt oder von Hand geschöpft. Gefällt ein Papier besonders gut, bezieht Federica auf Wunsch damit Alben, Notizbücher oder Kartonagen.

Via dell'Orso 42, 00186 Rom
www.federicamendaia.it

25 Via Giulia

Von prächtigen Stadtpalästen aus der Renaissance gesäumt, kommt ein Spaziergang über die Via Giulia einer kleinen Zeitreise gleich. Für die stärkt man sich am besten mit einem *caffè* in der Bar Giulia, an deren Tresen sich die illustre Nachbarschaft besonders am Morgen drängt. Nun geht es knapp einen Kilometer vorbei an Antiquitätenhändlern, noblen Hotels und kuriosen Läden. Bevor die Via Giulia an der Ponte Sisto endet, durchläuft man noch ein beliebtes Fotoobjekt: den Bogen des Palazzo Farnese, entworfen von Michelangelo.

Bar Giulia, Via Giulia 84, 00186 Rom

26 Forno Campo de' Fiori

Pizza Bianca heißt weiße Pizza und ist ein köstlicher Snack. Der lang ausgerollte Hefeteig wird nach dem Backen mit Olivenöl beträufelt und mit Salz bestreut. In Stücke geschnitten, wird die Pizza dann pur oder belegt verzehrt. Wie kross oder dick sie sein soll, darüber scheiden sich die Geister. Einig ist man sich nur, dass am Campo de' Fiori eine der besten weißen Pizzen der Stadt gebacken wird. Unwiderstehlich sind auch die übrigen Pizzen, Brote und Süßigkeiten, die ofenfrisch aus der Backstube kommen.

Campo de' Fiori 22, 00186 Rom
www.fornocampodefiori.com

27 Lisa Corti, Home Textile Emporium

Durch den Lisa-Corti-Shop in einem ehemaligen Pferdestall eines römischen Stadtpalastes weht ein Hauch von Orient. Inspiriert vom Licht und den Farben Indiens, verziert die Designerin aus Mailand Heimtextilien und Mode mit farbintensiven Mustern und Blumenprints. Bedruckt werden die Stoffe in Indien in traditioneller und aufwendiger Handarbeit. Beim Stöbern durch all die fröhlich bunten Kissen, Tischdecken, Kleider und Taschen kommt garantiert gute Laune auf.

Via dei Coronari 197, 00186 Rom
www.lisacorti.com

28 Argot

Argot, so hieß im Mittelalter die Geheimsprache der Bettler in Frankreich. Das Erfolgsgeheimnis der Bar Argot im Herzen von Rom ist dagegen leicht zu entschlüsseln: Smarte junge Herren eröffnen eine Kellerbar, richten sie ein wie Großmutters Wohnzimmer und schenken von 23 bis 4 Uhr erstklassige Drinks aus. Dazu gibt es freitags Livemusik, Jazz, Soul oder Pop. Am Donnerstag öffnet das Argot ausnahmsweise bereits um 19 Uhr zum Aperitif seine Pforten, der am späteren Abend von Pianomusik untermalt wird. Montags legt die Argot-Crew eine Pause ein.

Via dei Cappellari 93, 00186 Rom

29 Banco 19

Nicht nur privat sind Stella und Daniele ein perfektes Team. Auch bei der Zusammenarbeit in ihrem kleinen B&B in der Nähe der Piazza Navona ergänzen sich die beiden. Stella hat sich als Architektin und Lichtdesignerin um die geschmackvolle Einrichtung der Räume in dem alten Stadtpalast gekümmert, während Daniele als Bäcker jeden Morgen das italienische Frühstück zaubert. Wer hier nach einem aufregenden Tag in Rom keine süßen Träume hat, ist vermutlich zu fasziniert von den restaurierten Holzdecken.

Via dei Banchi Nuovi 19, 00186 Rom
www.banco19.com

30 Emporio alla Pace

Kleine Atempause vom Trubel auf der Piazza Navona gefällig? Dann nichts wie rein in das kleine Büchercafé, in dessen hinterem Bereich gemütliche Sessel zum Verschnaufen einladen. Bevor man sich etwas Ruhe gönnt, gilt es an der Bar noch einen Cappuccino zu ordern und sich für eines der leckeren *cornetti* zu entscheiden. Nimmt man sein Hörnchen mit oder ohne Füllung? Lieber Nutella, Marmelade oder weiße Schokolade? Die Qual der Wahl hat der Italienisch-Könner auch vor dem langen Bücherregal.

Via della Pace 28, 00186 Rom
www.lemporioallapace.com

31 Retrò

Hier ist der Name Programm. Die drei Besitzerinnen des Retrò sind ständig in Europa unterwegs, um einzigartige Designobjekte und Möbel aus den 1940ern bis 1970ern aufzuspüren. Die Beute ihrer Streifzüge präsentieren sie in ihrem Laden im *centro storico*. Mit etwas Glück kann man dort auf echte Raritäten treffen, wie einen original Egg Chair von Jacobsen oder Stühle Baujahr 1951 von Gio Ponti. Wer nach Handlicherem sucht, sollte einen Blick auf die Retro-Glasvasen und Vintage-Schmuckstücke werfen.

Piazza del Fico 20, 00186 Rom
www.retrodesign.it

32 Picta

Kaum zu glauben, welch eine großartige Auswahl an stapelbaren Cappuccinotassen, schlanken Espressotässchen, Tellern und Vasen in den winzigen Laden passen, in dem sich auch die Werkstatt von Marina Graziani befindet. Hier bemalt die Künstlerin seit 20 Jahren ihre Porzellankreationen mit Liebe zum Detail. Ihre Designs sind teils modern, mal monochrom – und hin und wieder zum Schmunzeln. Gut verpackt für die Heimreise, sind die Stücke ein tolles römisches Mitbringsel oder Erinnerungsstück!

Via dei Cappellari 11, 00186 Rom
www.pictaporcellane.com

33 Galleria Varsi

Was passiert mit Street Art, wenn sie nicht auf der Straße stattfindet, sondern in einer Galerie? Eine Antwort darauf liefert ein empfehlenswerter Besuch in der Galleria Varsi. 2013 gegründet, hat die Galerie sich in kürzester Zeit zu einem der Lieblingsplätze der römischen Kunstszene in Sachen Street-Art gemausert. Die Galerie bietet jedoch nicht nur solchen Künstlern eine Plattform. Auch andere Formen der Urban Art dürfen sich mit ihren Installationen, Zeichnungen oder Fotografien in den Räumen präsentieren.

Via di San Salvatore in Campo 51, 00186 Rom, www.galleriavarsi.it

KATIA
MINNITI
Restaurantbesitzerin
mit Träumen

DAS COROMANDEL IST EIN KLEINES JUWEL der römischen Gastro-Szene, mitten im touristisch geprägten Gassenwirrwarr rund um die Piazza Navona. In einem zauberhaften Ambiente, weit jenseits von rot-weiß karierten Tischdecken und getrockneten Knoblauchknollen, werden die Gäste vom Frühstück bis zum Abendessen mit kreativen italienischen Gerichten und herzlicher Gastfreundschaft verwöhnt. Hinter dem charmanten Restaurant steckt Katia Minniti. Sie arbeitet in der Modebranche und hat sich mit dem Coromandel einen Traum erfüllt. In einem Interview erzählt Katia, was ihr Restaurant so besonders macht, und sie verrät ihre Lieblingsorte in Rom.

Woher kommt der Name Coromandel?

Ich habe sehr lange nach einem passenden Namen gesucht. Er sollte sehr emotional sein, die Seele meines Restaurants wiedergeben. Eines Morgens schnupperte ich an meinem Lieblingsparfüm, und da waren genau diese Gefühle, die ich mit meinem Restaurant verbinde. Und als ich den Namen auf dem Flakon laut aussprach, hat es zu 100 Prozent gepasst: Coromandel.

Sie arbeiten in der Modewelt und besitzen gleichzeitig ein Restaurant im Herzen der römischen Altstadt. Wie kam es dazu?

Ein ewiger Traum, der plötzlich in Erfüllung gegangen ist. Ich hatte schon immer diese Idee, ein Restaurant zu eröffnen, in dem Menschen nicht nur gut essen, sondern sich auch wohlfühlen. Bei einem Spaziergang in den Gassen rund um die Piazza Navona habe ich dann das »Zu verkaufen«-Schild an einem Laden entdeckt. Die Räume waren perfekt für das, was ich im Sinn hatte. Und dann ging alles ganz schnell. Plötzlich war ich Besitzerin eines Restaurants. Nur die Renovierungsarbeiten haben etwas länger gedauert.

Die Einrichtung des Coromandel ist zauberhaft. Gibt es eine Geschichte dahinter?

Alles, was man hier sieht, ist meiner Fantasie entsprungen. Einen Großteil der Stücke habe ich auf Flohmärkten oder im Internet gefunden. Manches habe ich von Reisen mitgebracht. Am Ende ist es dann genau so geworden, wie ich es mir immer vorgestellt habe. Ein zauberhafter Ort mitten in Rom, in dem ich meine Gäste empfangen und ihnen eine schöne Zeit schenken darf. Wenn ein Gast mir sagt, er habe sich bei mir wie zu Hause gefühlt, dann ist dies das größte Kompliment, das er mir überhaupt machen kann.

Was macht das Coromandel so besonders?

Die Atmosphäre! Abends ist das Restaurant voller guter Gespräche und entspanntem Lachen. Ich liebe das genauso wie meine Gäste! Unsere Küche unter der Leitung von Ornella De Felice macht das Coromandel natürlich auch besonders. Morgens fangen wir mit einem leckeren Frühstück an und enden nach dem Lunch bei einem entspannten Abendessen. Und wir stellen die meisten Zutaten unserer Gerichte selbst her. Sogar die Schokocreme-Füllung für unsere *cornetti*, deren Teig wir mit der Hand ausrollen, statt wie üblich mit der Maschine.

Welches Gericht auf der Karte sollte man unbedingt kosten?

Eine schwierige Frage! Wenn man unsere amerikanischen Gäste fragt, dann sind es wohl unsere frischen Pancakes zum Brunch. Alle unsere Gerichte sind raffiniert und schmecken hervorragend. Wir legen großen Wert auf frische Zutaten. Aus diesem Grund wechselt die Abendkarte saisonal alle drei Monate. Wenn ich in ein Restaurant gehe, erwarte ich eine einzigartige Qualität und ein besonderes Geschmackserlebnis. Normal essen kann ich auch zu Hause!

Welche drei Worte beschreiben Rom am besten?

Zeitlos, unorganisiert, außergewöhnlich.

Welche sind ihre Lieblingsorte in Rom?

Im Frühjahr laufe ich gern durch den Botanischen Garten, den *Orto Botanico* in Trastevere. Von dort ist es nicht weit bis zur *Farmacia della Scala,* eine der ältesten und schönsten Apotheken Roms. Ein sehenswerter Ort – vor allem im Mai – ist der *Giardino delle Rose* (Rosengarten) am Circus Maximus mit tollem Ausblick auf die Kaiserpaläste auf dem Palatin-Hügel. Immer wieder atemberaubend finde ich die *Biblioteca Angelica* an der Piazza di Sant'Agostino. Meterhoch sind die Regale mit den wertvollen und alten Büchern.

Verraten Sie uns Ihre Lieblingsgeschäfte?

Für die schönen Dinge des Lebens mit Stil gehe ich zu *Chez Dédé* (S. 28) Und ich liebe die Keramiken von *Pots* im Monti-Viertel. Auf der Suche nach Büchern und Drucken verschlägt es mich immer in die *Antica Libreria Cascianelli* (S. 35) an der Piazza Navona. Das Ambiente des Ladens ist ein Traum!

34 Coromandel
Via di Monte Giordano 60/61
00186 Rom
www.coromandel.it

»Rom ist zeitlos, unorganisiert und außergewöhnlich!«

COROMANDEL
Coromandel

COROMANDEL
COROMANDEL

DI FARRO, BURRO,
DI PÁNE

CAMPO MARZIO & TREVI

Wo einst Goethe und der Maler Tischbein flanierten, befinden sich heute der Laufsteg der römischen Fashionista und das Zentrum der Alta Moda. Auf der Via dei Condotti reiht sich ein Luxus-Label-Store an den nächsten. Nach dem Blick in die Auslagen von Gucci, Prada & Co. lohnt sich ein Shopping-Bummel durch die schmalen Straßen zwischen Pantheon und Spanischer Treppe. Ein Paradies für alle, die für italienisches Design, hochwertige und individuelle Mode sowie für nobles Kunsthandwerk schwärmen. Wer nicht nur Einkaufslaune verspürt, sondern außerdem Lust hat auf einen starken Kaffee, einen gesunden Lunch oder ein schickes Abendessen, ist in dieser Gegend von Rom gut aufgehoben.

SHOPS

2 Bomba
3 Bocache & Salvucci
4 Galleria Alberto Sordi
6 Tonatto Profumi
7 Perlei
9 Empresa
10 Mia Home Design Gallery
13 Alberto Moresco
15 Holypopstore
17 Campo Marzio
18 Gremese Libreria
19 Vintachic
21 Guja
24 Old Soccer
25 Spazio Espanso
29 Kristina Ti
30 Del Giudice

CAFÉ

1 Colbert
28 Antico Caffè Greco

ESSEN

8 Babette
14 Ginger
23 Retrobottega
26 Zuma

KUNST & KULTUR

5 Palazzo Barberini, Galleria Nazionale d'Arte Antica
20 Piazza di San Lorenzo in Lucina
27 Museo dell'Ara Pacis

AUSGEHEN

11 Quirinetta
22 Coho Apartment

HOTEL

12 Piazzadispagna9
16 Casacau

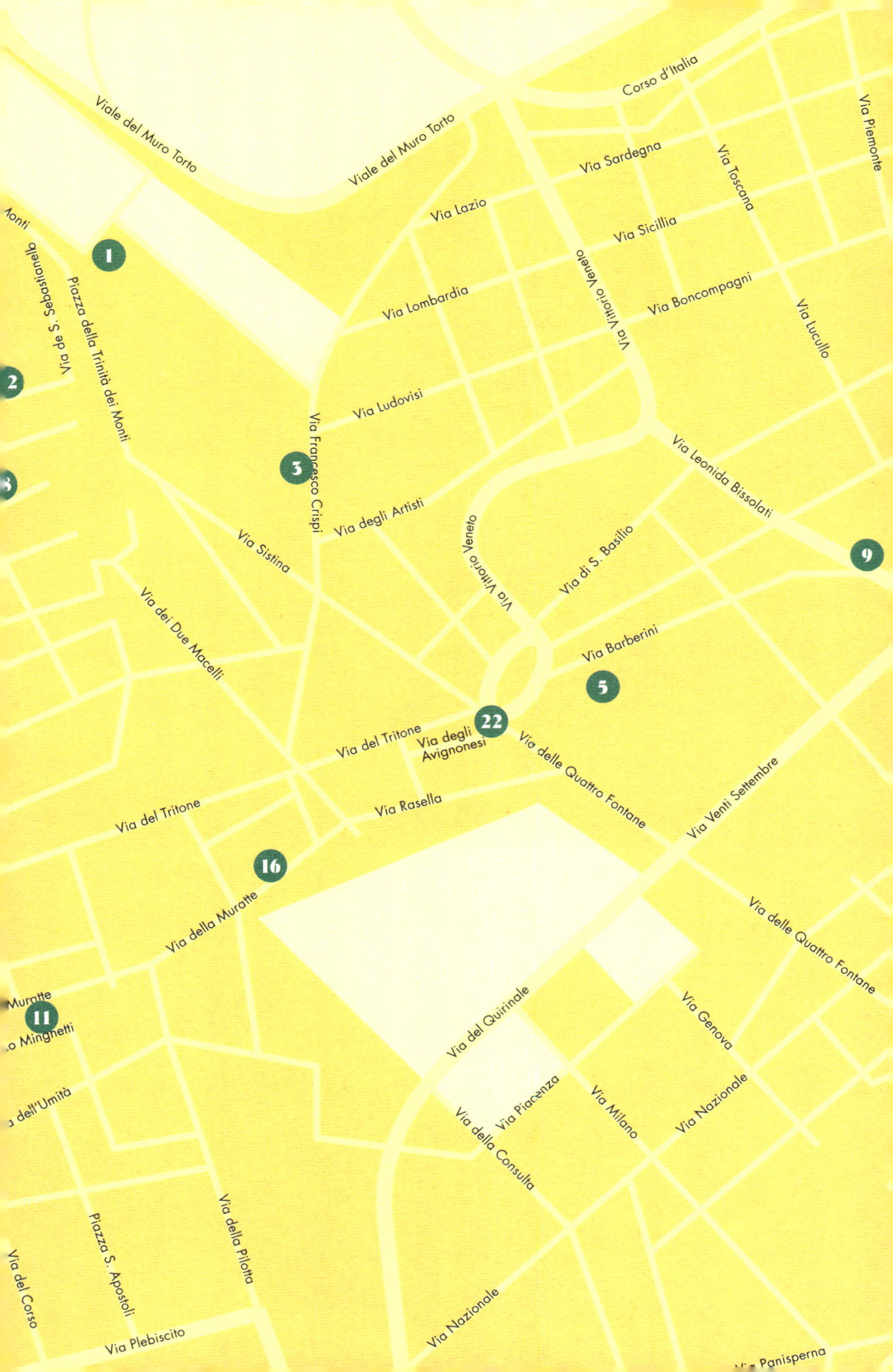
Viale del Muro Torto
Viale del Muro Torto
Corso d'Italia
Via Piemonte
Via Sardegna
Via Toscana
Via Lazio
Via Sicillia
Via Lombardia
Via Vittorio Veneto
Via Boncompagni
Via Lucullo
1
Via de S. Sebastianello
Piazza della Trinità dei Monti
2
Via Ludovisi
Via Francesco Crispi
3
Via Leonida Bissolati
Via degli Artisti
Via Sistina
Via Vittorio Veneto
Via di S. Basilio
9
Via dei Due Macelli
Via Barberini
5
22
Via del Tritone
Via degli Avignonesi
Via delle Quattro Fontane
Via Venti Settembre
Via Rasella
Via del Tritone
16
Via della Muratte
Muratte
11
Via delle Quattro Fontane
Via del Quirinale
Via Genova
Via Piacenza
Via Milano
Via Nazionale
Via della Consulta
Via della Pilotta
Piazza S. Apostoli
Via del Corso
Via Nazionale
Via Plebiscito
Via Panisperna

1 Colbert

Die Spezialität des Colbert? Ein Kaffee mit Ausblick in exklusivem Ambiente! Das Café ist mitsamt Designermöbeln in einen der Säle der Villa Medici eingezogen, die seit dem 16. Jahrhundert auf dem Hügel Pincio thront. Nicht nur beim Blick durch die großen Flügelfenster liegt einem Rom zu Füßen. Auch eine Terrasse hat das Colbert zu bieten. Bei schönem Wetter kann man dort frühstücken, einen Mittagssnack von der kreativen Bistro-Karte wählen oder einen unvergesslichen Aperitivo genießen.

Viale della Trinità dei Monti 1, 00187 Rom, www.caffecolbert.it

2 Bomba

Betritt man den Laden der Designerin Cristina Bomba, scheint die Zeit still zu stehen. Im Retro-Ambiente erwartet sie und ihn zeitlos schöne Mode aus hochwertigen Materialien: Kaschmirpullover, Seidenblusen oder Strickkrawatten. Kurzlebigen Modetrends setzt Bomba seit über 30 Jahren italienische Schneiderkunst entgegen. Sitzt etwas nicht wie angegossen, wird im Atelier Maß genommen. Dort lagern edle Stoffe aus der ganzen Welt und hier wird der Traum vom perfekt sitzenden Hochzeitskleid erfüllt.
Via dell'Oca 39/41, 00186 Rom
www.cristinabomba.com

3 Bocache & Salvucci

Die Handwerkskunst von Gian Luca Bocache und Roberto Salvucci wird in der ganzen Welt geschätzt. Ihre anspruchsvolle Kundschaft lebt in Mailand, Paris oder London und liebt die handgefertigten Luxusschuhe der beiden Italiener. In dem Geschäft nahe der Spanischen Treppe spiegelt sich die Leidenschaft der beiden Herren für guten und zeitlosen Stil. Im eleganten, charmant-britischen Ambiente werden neben exklusiven Schuhen handgefertigte Lederaccessoires und Regenschirme verkauft.

Via Francesco Crispi 115 A, 00187 Rom
www.bocachesalvucci.com

4 Galleria Alberto Sordi

Nur einen Katzensprung entfernt von einem der beliebtesten Touristenziele Roms, dem Trevi-Brunnen, liegt die Einkaufspassage im mondänen Art-Nouveau-Stil. Nachdem man sich in einem der Cafés an der Architektur und vor allem an der wunderschönen Glasdecke sattgesehen hat, folgt das Shoppingvergnügen in einem der etwa 20 Stores. Bei Feltrinelli gibt es Bücher und Musik zu entdecken, bei Furla schicke Handtaschen und bei Marina Militare Sportswear mit italienischem Schick.

Piazza Colonna, 00187 Rom
www.galleriaalbertosordi.it

5 Palazzo Barberini, Galleria Nazionale d'Arte Antica

Im Filmklassiker *Ein Herz und eine Krone* residierte Audrey Hepburn als Prinzessin in diesem architektonischen Meisterwerk des Barocks. Heute dient der prunkvolle Palazzo als standesgemäßes Zuhause der Galleria Nazionale d'Arte Antica. Großartige Kunst von wahren Könnern wie Caravaggio und Raffael ist dort zu bewundern. Echte Hingucker und Werke berühmter Künstler sind zudem die barocken Räumlichkeiten.

Via delle Quattro Fontane 13,
00186 Rom, www.barberinicorsini.org

6 Tonatto Profumi

Ein Besuch der römischen Duft-Galerie von Tonatto Profumi ist ein besonderes Erlebnis. Für alle Sinne! In einer Ausstellung kann der Besucher nicht nur Kunst sehen, sondern mithilfe von Duft-Installationen sogar erschnuppern. Während Szenen aus berühmten Filmklassikern laufen, steigt einem der passende Duft in die Nase. Olfaktorisch umgesetzt wurden auch Meisterwerke von Caravaggio oder Mozart. Hier zeigt sich das gesamte Können von Laura Tonatto, die seit mehr als 25 Jahren exklusive Körper- und Raumdüfte kreiert.

Piazza di Pietra 41, 00186 Rom
www.tonatto.com

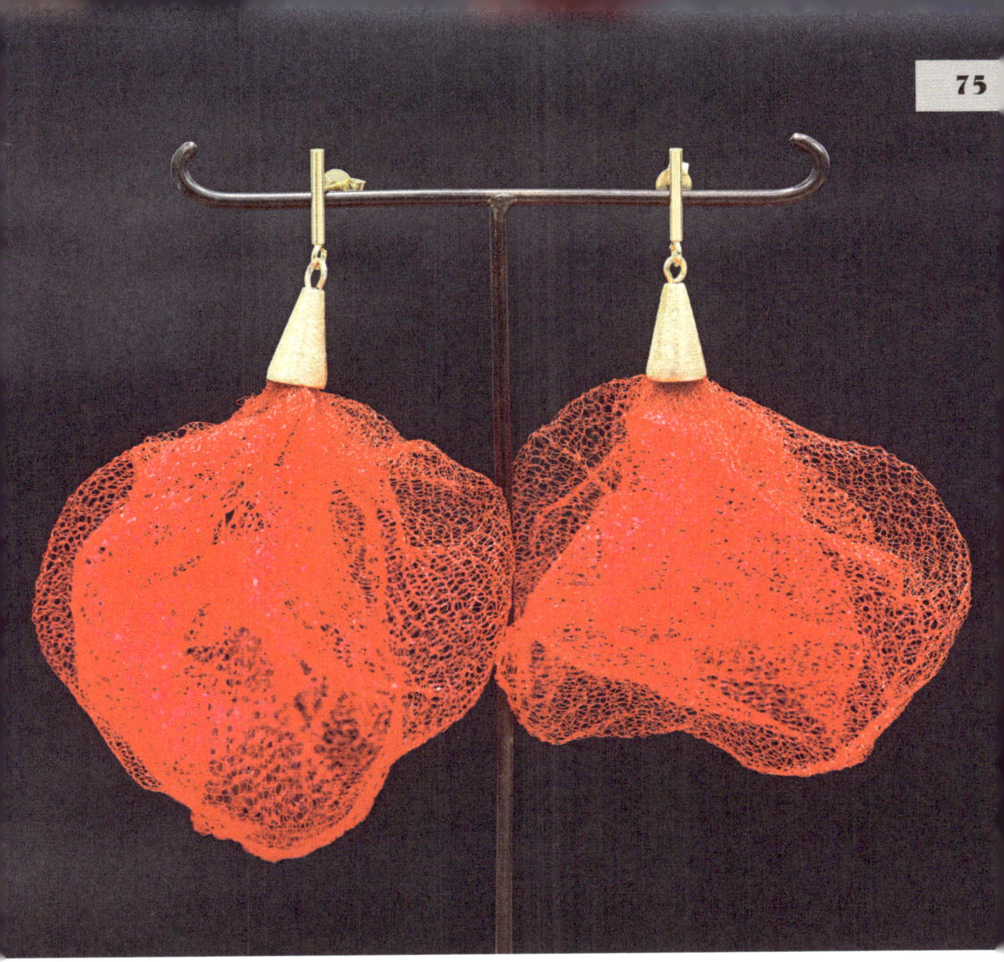

7 Perlei

Zum immer perfekten Look der Römerin liefert die Designerin Kely Paucar den passenden Schmuck. In ihrem mittlerweile zweiten römischen Store, der in der Nähe der Spanischen Treppe zu finden ist, präsentiert sie neben hinreißenden Ohrringen Armreifen und Ketten unter dem Label Perlei. Die Peruanerin und langjährige Wahlitalienerin liebt das Spiel mit geometrischen Formen, die sie gerne mit intensiven Farbakzenten kombiniert. Hauptsächlich verarbeitet sie Silber in ihren Schmuckstücken, die alle handgefertigt sind.

Via della Croce 72, 00187 Rom

8 Babette

Das Babette ist ein kulinarisches Kleinod, versteckt in der Künstlergasse Via Margutta. Flora und Silvia, die Inhaberinnen und Schwestern, verwöhnen ihre Gäste täglich außer montags mit italienischem Soul-Food: In die Kochtöpfe wandern neben besten Zutaten viel Leidenschaft und Können. Auf die Teller kommt hausgemachte Spitzenküche, die in der zauberhaften Atmosphäre köstlich schmeckt. Samstags und sonntags wird ein Lunch-Buffet angeboten, das man bei schönem Wetter in dem ruhigen Innenhof genießen sollte.

Via Margutta 1d, 00187 Rom
www.babetteristorante.it

RA MORETTI

9 Empresa

Das italienische Luxuslabel steht für lässige Mode jenseits des eher klassischen römischen Geschmacks. Im Store werden sowohl Damen als auch Herren auf der Suche nach individuellen Stücken fündig. Das Aushängeschild sind coole Lederjacken. Einzigartig im Schnitt und in Italien handgefertigt. Die rockigen Accessoires wie massive Ringe, Zylinder und Sonnenbrillen passen perfekt dazu. Ganz neu sind die Parfüms von Empresa. Es hat Jahre gedauert, einen Duft zu kreieren, der so besonders ist wie ihre Mode.

Largo di Santa Susanna 102–104, 00187 Rom, www.empresa.it

10 Mia Home Design Gallery

Gegründet wurde Mia von drei Damen, die vor allem eines verbindet: die Leidenschaft für unkonventionelles Interior-Design. Viele der Tische, Stühle, Lampen oder Deko-Objekte im großzügigen Showroom sind Einzelstücke, manches ist Vintage, einiges wurde von renommierten internationalen Designern wie Maarten Baas oder Pia Wüstenberg entworfen. Was die Römer so an Mia schätzen, ist die kreative und gelungene Auswahl an Designobjekten.

Via di Ripetta 224, 00186 Rom
www.galleriamia.it

11 Quirinetta

In den 20er-Jahren öffnete La Quirinetta als elegantes Musiktheater seine Pforten. Musik spielt heute immer noch eine große Rolle in den Kellerräumen mit Nostalgie-Charme. Neben tollen Konzerten und langen Club-Nächten, finden hier auch Tanz- und Kinovorstellungen statt. Erst vor Kurzem wurde das Quirinetta um ein schickes Café erweitert. Während hier, unweit des Trevi-Brunnens, morgens cremiger Cappuccino serviert wird, werden zu späterer Stunde kleine Events und ganz viel römisches Nachtleben geboten.

Via Marco Minghetti 5, 00187 Rom
www.quirinetta.com

12 Piazzadispagna9

Das Hotel verdankt seiner exklusiven Adresse nicht nur den Namen, sondern auch einen sensationellen Ausblick von der dritten Etage eines Palazzo auf den Vorplatz der Spanischen Treppe. Ein Hingucker ist die Einrichtung, vor allem für Liebhaber zeitgenössischer Kunst! Die ist in den sechs individuell gestalteten Zimmern allgegenwärtig und verwandelt das Hotel in eine bewohnbare Kunstgalerie. Alle Werke können erstanden werden. Den exzellenten Service gibt es allerdings nur vor Ort!

Piazza di Spagna 9, 00187 Rom
www.piazzadispagna9.it

13 Alberto Moresco

Einzigartig und handgefertigt sind sie, die hippen Schuhe des römischen Designers Alberto Moresco. Nachdem seine Entwürfe immer wieder kopiert worden waren, kam er auf eine geniale Idee: Er kauft die Leder-Restposten bekannter Luxusmarken auf und kombiniert mindestens drei Ledermuster an einem Schuh. So macht er seinen Nachahmern das Leben schwer und gleichzeitig der Damenwelt eine große Freude. Denn die darf nun seine ungewöhnlichen Ballerinas und coolen Sneakers in limitierten Stückzahlen zu überraschend fairen Preisen tragen.

Via Vittoria 3a, 00187 Rom

14 Ginger

Nach einem Shopping-Vormittag rund um die Via dei Condotti ist das Ginger ein beliebter Treffpunkt der Römerinnen zum Lunch. Im schneeweißen Ambiente gibt es gedünstetes Gemüse oder Fisch, frisch gepresste Gemüsesäfte, Pasta aus Kamut oder Bio-Hühnchen. Für wen es die ein oder andere Kalorie mehr sein darf, der greift zu einem der Gourmet-Sandwiches und einem Glas Bio-Wein. Das Konzept von Ginger ist so beliebt, dass man am Wochenende ein bisschen Wartezeit für einen freien Platz einkalkulieren sollte.

Via Borgognona 43–46, 00187 Rom
www.gingersaporiesalute.com

15 Holypopstore

Wer ganz bequem auf römischem Kopfsteinpflaster laufen und dabei ein modisches Statement abgeben möchte, findet hier das entsprechend hippe Schuhwerk. In den Räumen einer ehemaligen Galerie wird neben neuesten Modellen von Nike, Puma oder Vans auch Streetware für den Herrn präsentiert. Hingucker sind außerdem bunte Medicom Toys aus Japan. Die Damenwelt muss nicht vor Neid erblassen. Der nicht minder hippe Store für Ladies samt Nagelstudio liegt direkt um die Ecke, in der Via della Penna 50.

Via del Vantaggio 46, 00186 Rom
www.holypopstore.com

saraghina
EYEWEAR
100%
MADE IN ITALY

16 Casacau

Zuhause auf Zeit in direkter Nähe zum Trevibrunnen mit 60er-Jahre-Möblierung und moderner Kunst inklusive Wohlfühl-Service gesucht! Diesen Immobilientraum lässt das Casacau in einem alten Palazzo in Erfüllung gehen. Alle hinreißenden Apartments des Designhotels verfügen über eine kleine Küche. Der Kühlschrank wird nach Gästewunsch gefüllt, der Abwasch erledigt, und das Lieblingsfrühstück hängt morgens an der Tür. Römische Insidertipps von einem jungen Team sind in diesem exklusiven Wohntraum inklusive.

Via in Arcione 94, 00187 Rom
www.casacau.com

17 Campo Marzio

Die Welt des in den 1930er-Jahren gegründeten italienischen Labels Campo Marzio ist hochwertig und kunterbunt. Kugelschreiber in Grün mit Punkten in Pink. Portemonnaies in knalligem Orange. Brieföffner in Lila. Alles, was den Businessalltag erleichtert, gibt es in dem Shop im Herzen der römischen Altstadt zu erwerben. In Farben, die einfach gute Laune machen. Wer es dezenter mag, greift zum Ledertimer oder zur Aktenmappe in der gedeckten, aber nicht weniger edlen Variante.

Via di Campo Marzio 41, 00187 Rom
www.campomarzio.eu

18 Gremese Libreria

Zwischen der Via del Corso und der Spanischen Treppe spannt sich ein Netz aus kleinen Straßen, in denen sich das ganze Who's Who der Modewelt niedergelassen hat. Neben großen Namen wie Prada und Gucci trifft man bei einem kleinen Bummel auch auf solche Kleinode wie die Buchhandlung Gremese. Sonderausgaben in diversen Sprachen, fantastische Bildbände über Mode, Architektur und Kino oder illustre Reiseführer sind in dem Bücherparadies auf zwei Etagen ebenso zu haben wie eine kompetente Beratung.

Via Belsiana 22, 00187 Rom
www.libreriagremese.it

19 Vintachic

Dieser Vintageladen ist ein einzigartiges Juwel in Rom! Ebenso wie seine wunderbare Gründerin Esterita Di Cesare, deren Leidenschaft für Mode mit Stil und Vergangenheit bis in ihre Kindheit zurückreicht. Heute besitzt sie mehr als 300 Hochzeitskleider aus den Jahren 1880 bis 1980. Dazu kommt eine traumhafte Auswahl an Abendroben ab 1920, die Lust auf eine Tanzeinlage mit Fred Astaire machen. Viele Stücke sind noch nie getragen worden, manches ist Haute Couture, und einige Kleider darf man sich ausleihen.

Via Leccosa 2, 00186 Rom

www.vintachic.it

20 Piazza di San Lorenzo in Lucina

Am Wochenende zieht es schicke Römerinnen und Römer spätnachmittags auf die Piazza di San Lorenzo in Lucina. Erst, um einen Blick in die Schaufenster des Flagshipstores von **Louis Vuitton** oder auf die Schuh-Schätze von **Christian Louboutin** zu werfen. Anschließend erholt man sich in einem der Cafés vom anstrengenden Shoppingtag. Bei einem Glas Prosecco kann man das süße Leben aushalten!

Louis Vuitton, Piazza di San Lorenzo in Lucina 41, 00186 Rom |
Christian Louboutin, Piazza di San Lorenzo in Lucina 22, 00186 Rom

SHINE

21 Guja

Ob hoch, flach, geschnürt, offen, bequem oder aufregend: Guja hat sie alle. Ballerinas, Stiefeletten, Stiefel, Sneakers und Pumps. Die Auswahl des Schuhparadieses in einer Seitenstraße zur Via del Corso ist nicht nur groß, sondern auch immer im aktuellen Trend. Kaum eine Römerin kann an der breiten Fensterfront ohne einen sehnsuchtsvollen Blick in die Auslage vorbeilaufen. Und als wären all die herrlichen Schuhe nicht schon Versuchung genug, hängen noch angesagte und ausgewählte Kleidungsstücke im Fenster.

Via del Gambero 9, 00187 Rom
www.guja.it

22 Coho Apartment

Kaum hatte das Coho Apartment eröffnet, da wurde es von der römischen Partyszene auch schon zu einer ihrer Lieblings-Locations erwählt. Die befindet sich in einer ehemaligen Privatwohnung unweit des Trevibrunnens. Eingerichtet ist das großzügige Loft mit Ledersofas und Designstühlen in geschmackvollen Erdtönen. Auf denen kann man es sich außer montags täglich ab 19 Uhr bequem machen, Cocktails und kulinarische Kleinigkeiten wie Sushi oder Gourmet-Pizzen genießen. Zu der chilligen Clubmusik darf zur späteren Stunde getanzt werden.

Via degli Avignonesi 73, 00187 Rom

23 Retrobottega

Sie sind jung, smart, kreativ, innovativ und verdammt gut. Die beiden Köche Giuseppe Lo Iudice und Alessandro Miocchi haben mit ihrem Lokal die Gaumen der Römer im Sturm erobert. Die Gerichte sind raffiniert, das Konzept simpel, das Ambiente lässig. Bestellt wird in der offenen Küche direkt beim Koch. Besteck nimmt der Gast selbst aus der Schublade vor seinem Sitzplatz, einem Hocker. Gekocht wird italienisch mit regionalen und saisonalen Spitzenprodukten. Selten hat sich Schlangestehen so gelohnt wie hier!

Via della Stelletta 4, 00186 Rom
www.retro-bottega.com

24 Old Soccer

Gleich zwei römische Vereine kicken in der ersten Liga. Trikots und Fan-Artikel von AS Rom oder Lazio werden in diversen Shops in Rom vertrieben. Im Old Soccer schlagen eher nostalgische Fußballerherzen höher. In dem kleinen Geschäft hängen hochwertige Reproduktionen von Vereins- oder Nationalmannschafts-Trikots, die einst von Sepp Meier, Beckenbauer oder Maradona getragen wurden. Die Auswahl reicht von den Anfängen des Vereinsfußballs bis 1982 und schließt Schals, Wimpel und Mützen mit ein.

Via di Ripetta 30, 00186 Rom
www.oldsoccer.eu

25 Spazio Espanso

Statt Mainstream-Mode präsentiert die stilvolle Boutique ausgesuchte Stücke aus kleinen Kollektionen von Designern aus der ganzen Welt. Die exklusive Auswahl und geschmackvolle Zusammenstellung liegt in den Händen von Annamaria und Alberto. Die beiden haben nicht nur optisch und qualitativ sehr hohe Ansprüche an die Mode, sondern sie legen außerdem großen Wert darauf, dass ihre Stücke unter fairen und nachhaltigen Bedingungen hergestellt werden. So kann man mit gutem Gewissen in Rom auf allerhöchstem Niveau shoppen.

Via dei Bergamaschi 60, 00186 Rom

26 Zuma

Im Fendi-Palazzo residiert nicht nur der Flagshipstore der römischen Edelmarke. Erst vor Kurzem ist in die beiden obersten Stockwerke ein neuer Mieter eingezogen: das High-Class-Restaurant Zuma, in dessen weltweiten Ablegern moderne japanische Küche serviert wird. Neben Sushi, Sashami und Köstlichkeiten vom Robata-Grill lieben die Römer vor allem die Bar samt Dachterrasse auf dem fünften Stock. Mit Weitblick über die Stadt kann man bei Cocktails und Sake besonders gut *bella figura* machen.

Via della Fontanella di Borghese 48, 00186 Rom, www.zumarestaurant.com

27 Museo dell'Ara Pacis

Als das Ara-Pacis-Museum 2006 eröffnet wurde, fand das schlichte moderne Gebäude nach den Entwürfen des amerikanischen Architekten Richard Meier nicht bei allen Römern Anklang. Die Zeiten, in denen das Museum mit einer texanischen Tankstelle am Tiber verglichen wurde, sind aber vorbei, und der Fokus liegt auf dem eigentlichen Star im Inneren: dem mehr als 2000 Jahre alten und grandiosen Friedensaltar des Kaisers Augustus. In den anderen Räumen sind regelmäßig wechselnde Ausstellungen zu bewundern.

Lungotevere in Augusta, 00186 Rom
www.arapacis.it

28 Antico Caffè Greco

Das Antico Caffè Greco in der schicken Via dei Condotti ist eines der ältesten Cafés in Rom. Hier haben bereits Johann Wolfgang von Goethe und der Maler Tischbein diskutiert oder Casanova über seine Liebschaften geplaudert. Ganz so illuster ist die Gesellschaft heute nicht mehr. Trotzdem lohnt es sich, einen Espresso an der Café-Bar zu nehmen. Mit all den alten Bildern, Skulpturen und Möbeln ist das Greco eine sehenswerte Kunstgalerie, durch die ein nostalgischer Hauch vergangener Zeiten weht.

Via dei Condotti 86, 00187 Rom
www.anticocaffegreco.eu

29 Kristina Ti

Ihre ersten Schritte in die Modewelt machte die Designerin Cristina Tardito aus Turin mit Bademode. Heute ist sie unter dem Label Kristina Ti mit ihrer Damenkollektion Stammgast auf der italienischen Fashion Week. Ihre Mode und Accessoires kreiert sie für unabhängige Frauen, die es gern individuell mögen. Edle Stoffe und ein spannendes Spiel mit Mustern in Kombination mit lässigen Schnitten machen einen Besuch des Stores in der Nähe der Spanischen Treppe zu einem Muss für alle Fashionista mit eigenem Kopf.

Via Vittoria 16a, 00187 Rom
www.kristinati.it

MAURO & ANDREA DEL GIUDICE

Leder-Handwerker

FÜR RÖMERINNEN GEHÖRT EINE SCHICKE HANDTASCHE einfach zum perfekten Outfit dazu. Damen, die sich beim Bella-Figura-Machen vom Label-Mainstream abheben möchten, hängen sich gern eine elegante Tasche von Del Giudice über die Schulter. In zweiter Generation führen die Brüder Mauro und Andrea den traditionellen Handwerksbetrieb für edle Lederwaren. Während die Taschen und Lederaccessoires in einer kleinen Werkstatt etwas außerhalb des römischen Zentrums handgefertigt werden, liegt der kleine und feine Del-Giudice-Shop nur einen Steinwurf vom Pantheon entfernt.

Erzählen Sie uns bitte etwas über die Geschichte von Del Giudice.

Mauro: Unsere Eltern haben 1959 Del Giudice in Rom gegründet. Angefangen haben sie ganz klein mit der Fertigung von Damenhandtaschen. Mit der Zeit wuchs der Betrieb, es kamen mehr Produkte wie Portemonnaies, Reisetaschen und Accessoires aus Leder hinzu. Vor zehn Jahren haben wir das Konzept verändert, den Vertrieb unserer Lederwaren selbst übernommen und den Shop in der römischen Altstadt eröffnet. Wir sind quasi zu den Ursprüngen unserer Eltern zurückgekehrt. Wir setzen auf Handwerkskunst und Produkte in höchster Qualität, die nur in kleinen Stückzahlen gefertigt werden.

Andrea: Und wir stehen für Individualität. Wenn eine Kundin sich eine unserer Handtaschen in einer anderen Farbe wünscht, dann ist das kein Problem. Wir helfen auch bei der Umsetzung von individuellen Taschenideen unserer Kunden und entwickeln mit unserer langjährigen Erfahrung ein echtes Unikat.

Wie würden Sie den Stil ihrer Taschen beschreiben?

Mauro: Sportlich-elegant trifft es am besten.

Andrea: Unsere Taschen sind klassisch. Sie können jeden Tag getragen werden. Ob zu einer lässigen Jeans oder einem schicken Kleid.

Wie viele Menschen sind an der Herstellung einer Handtasche beteiligt?

Andrea: Theoretisch und praktisch sind sowohl mein Bruder als auch ich in der Lage, sie ganz allein zu fertigen.

Mauro: Wir sind ein traditioneller Handwerksbetrieb. Wir entwerfen auch unsere Modelle selbst. Anhand einer Zeichnung wird ein Schnittmuster hergestellt, mit dessen Hilfe dann der erste Prototyp entsteht. Nach ein paar Änderungen wird schließlich die eigentliche Handtasche genäht.

Andrea: Den ganzen Weg von der Idee bis zur fertigen Tasche haben wir übrigens in einem Video auf unserer Homepage festgehalten.

Warum sollte jede Frau eine Handtasche von Del Giudice besitzen?

Andrea: Dafür gibt es viele gute Gründe! Es sind Qualitätsprodukte. Vor allem aber sind sie etwas Besonderes, weil eben nicht jede Frau so eine Tasche besitzt. Del Giudice gibt es nicht an jedem Flughafen der Welt oder in einem Kaufhaus. Wir stellen keine Massenware her, sondern nähen höchsten zehn Exemplare von jedem Modell.

Mauro: Ich schätze, der häufigste Grund, warum Frauen unsere Taschen kaufen, lautet: Liebe auf den ersten Blick!

Werden bei Ihnen auch Männer fündig?

Mauro: Selbstverständlich denken wir auch an die Männer. Wir führen

Taschen für das Business oder für die Reise, aber auch Accessoires wie Ledergürtel. Sonderanfertigungen für den Herrn übernehmen wir übrigens auch.

Was macht für Sie die Faszination von Rom aus?

Andrea: Also, mich begeistert an meiner Heimatstadt, dass sie nie langweilig wird. Selbst für uns Römer.

Mauro: Ja, da hast du recht. Rom ist so groß und vielfältig, dass ich immer wieder ganz unverhofft alte, wunderschöne Orte entdecke, die für mich vollkommen neu sind. Rom hört nie auf, dich zu überraschen!

Von wo aus hat man den schönsten Ausblick auf die Ewige Stadt?

Mauro: Vom *Gianicolo* oberhalb von Trastevere hat man einen fantastischen Blick auf das *centro storico*. Der *Pincio* an der Piazza del Popolo ist ein weiterer Favorit von mir in puncto Aussicht. Und der *Monte Mario* darf auch nicht vergessen werden.

Andrea: Ja, es ist unser höchster Hügel. Dort oben gibt es auch ein kleines Café und Restaurant. Im Zentrum hat man übrigens eine tolle Sicht von der *Terrasse des Vittoriano* an der Piazza Venezia.

In welches Restaurant gehen Sie am liebsten zum Essen?

Andrea: In der Altstadt gibt es so viele erwähnenswerte Lokale. Dazu gehört auf jeden Fall das *L'Orso 80* in der Nähe der Piazza Navona. Das Essen schmeckt einfach toll, und die Atmosphäre ist nett. Dasselbe gilt für *Alfredo alla Scrofa* mitten in der Altstadt.

---

30 – Del Giudice dal 1959
Via della Stelletta 24
00186 Rom
www.delgiudiceroma.com

»Rom ist so groß und vielfältig, und es hört nie auf, dich zu überraschen.«

MONTI & ESQUILINO

Seit einigen Jahren zieht Monti, das Viertel oberhalb des Kolosseums, die hippen Römer an. Vielleicht liegt es an dem italienischen Kleinstadtflair, das durch die mit Efeu berankten, windschiefen Häuserzeilen weht. Oder an den zahlreichen Vintageshops, Modeboutiquen und Kunsthandwerkern. Auch nach Sonnenuntergang bleibt Monti attraktiv. Unter römischem Sternenhimmel oder in gemütlichen Weinbars machen Einheimische und Touristen hier gemeinsam die Nacht zum Tag. Das Nachbarviertel Esquilino kommt um einiges lauter, bunter und chaotischer daher. Es ist eine Multikulti-Gegend, in der vor allen Chinesen rund um die Piazza Vittorio ein neues Zuhause gefunden haben und ihre fernöstlichen Waren anbieten.

SHOPS

1 Candle Store
2 L'armadio di Oliver & The Milk Bar
3 Colpo di Tacco
4 Podere Vecciano
7 Suede Store
8 Aromaticus
10 Mercato Monti
12 Antico e Antico
18 Machete Barber Shop
19 La Bottega del Cioccolato
20 Le Gallinelle
22 Pifebo
26 Tina Sondergaard

CAFÉ

9 Palazzo del Freddo
11 Gatsby Cafè
25 Panella

ESSEN

5 La Carbonara
16 Mercato Centrale Termini
21 Nuovo Mercato Esquilino
24 Antonello Colonna Open

KUNST & KULTUR

15 Mosaic Studio Cassio
23 Palazzo Massimo alle Terme, Museo Nazionale Romano

AUSGEHEN

13 Fafiuchè
14 Piazza della Madonna dei Monti

HOTEL

6 Radisson Blu es.
17 Generator Hostel

Viale Luigi Einaudi
Viale Enrico de Nico
Piazza dei Cinquecento
d. Terme di Diocleziano
23
Via Marsala
Viale Pretoriano
Via d'Azeglio
Via Cavour
Via Daniele Manin
Via Giovanni Giolitti
Via Marsala
Via Farini
Via Gioberti
Via Filippo Turati
16
Via Principe Amedeo
Via Liberiana
Via Urbano Rattazzi
Via Paolina
Via Carlo Alberto
Via Napoleone III
6
Via Merulana
Via di S. Vito
Via Mamiani
Via Filippo Turati
Via Principe Amedeo
17
21
Piazza Vittorio Emanuele II
Via di S. M. Ai Monti
Via dello Statuto
Via Merulana
25
Via Leopardi
Piazza Vittorio Emanuele II
11
Via Principe Euge
9
Viale del Monte Oppio
Via delle Terme di Traiano
Via Ferruccio
Via Cairoli
Via Giusti
Via Mecenate
Via Merulana
Piazza Dante
Via Nino Bixio
Via Emanuele Filiberto
Via Manzoni
Via Carlo Botta
Via Torquato Tasso
Via Ariosto
Domus Aurea
Via Ruggero Bonghi
Via Galilei
Via Manzoni

1 Candle Store

Was die brasilianische Wahlrömerin Andrea Moares mit großer Leidenschaft herstellt, ist Kunst aus Wachs. Schalen, Vasen oder Skulpturen, in allen Farben, Größen und Formen. Oft inspiriert von Reisen. Andreas Erfahrung zeigt sich spätestens, wenn man eines ihrer Kunstwerke entzündet. Dann werden aus den Kerzen Lichtobjekte, die eine einzigartige Atmosphäre im Raum schaffen. In der Werkstatt mitten in Monti bringt Andrea nicht nur Wachs in kreative Formen. Auch ihre Skulpturen aus Eisen sind sehenswert.
Via Urbana 21, 00184 Rom
www.candlestore.it

2 L'armadio di Oliver & The Milk Bar

In der Via degli Zingari hat sich gefunden, was zusammenpasst. Claudia Brandt aus Dänemark zog zuerst mit Secondhand-Kleidung für Kinder von 0 bis 10 Jahren und Vintage-Kleinigkeiten in den Laden ein. Kiersten Pilar Miller mitsamt ihres Projektes »The Milk Bar« kam später hinzu. Neben Schwangerschaftsmode steuert die New Yorkerin vieles, was junge Mütter glücklich macht, zu der Geschäfts-Verbindung bei.

Via degli Zingari 54, 00184 Rom
www.armadiodioliver.com
www.themilkbar.it

3 Colpo di Tacco

Dieser kleine Laden ist eine der schönsten Anlaufstellen für Damenschuhe in ganz Rom. Ganz egal wie hoch oder flach der Absatz auch sein soll, die Auswahl ist hier herrlich ungewöhnlich. Sie reicht vom High Heel im Zebramuster über Wedges im Streifenlook bis hin zum lindgrünen Wildlederstiefel. Passend dazu führt das Colpo di Tacco tolle Accessoires. So wie die Wowo-Bag, eine exklusive Businesstasche für Ladies im zeitlosen 60er-Jahre-Stil und viel praktischem Stauraum.

Via del Boschetto 15a, 00184 Rom
www.colpoditacco.net

4 Podere Vecciano

Erdbeersenf mit einem Hauch von Aceto Balsamico. Mandarinen-Marmelade. Pilze und Trüffel. Feinstes Olivenöl. Hervorragende Weine. Pesto und Soßen. Bio-Konfitüren. Messer und Gläser. Ein Teil der großen Auswahl stammt vom Bauernhof Podere Vecciano in der Nähe von Siena, alles andere kommt direkt von kleinen toskanischen Erzeugern. Und als gäbe es nicht schon genug in den grünweißen Verkaufsräumen zu sehen, wächst inmitten all dieser norditalienischen Vielfalt ein kleiner Olivenbaum.

Via dei Serpenti 33, 00184 Rom
www.poderevecciano.com

5 La Carbonara

Während Donna Teresa den Kochlöffel über Pfannen und Töpfe schwingt, Gnocchi und Pasta selbst herstellt und nach alten Familienrezepten zubereitet, kümmern sich ihre Kinder Rosy und Andrea um das Wohl der Gäste. Touristen, Einheimische, Stammgäste und Künstler aus dem romantischen Viertel Monti strömen in das Restaurant, das bereits seit 1906 existiert. Wie hervorragend die traditionelle römische Küche im La Carbonara schmeckt, davon zeugen unzählige Dankes-Graffitis an den Wänden des Restaurants.

Via Panisperna 214, 00184 Rom
www.lacarbonara.it

03/05/2010
AUGURI GIULIA +25
Corriere dello Sport
CAMPIONI DEL MONDO
ITALIA!
Trionfo ai rigori, tutto il Paese in delirio
GIULIO FERRARI

6 Radisson Blu es.

Die Bezeichnung »urbane Oase« hat sich das Hotel redlich verdient. Mitten im Trubel rund um den Hauptbahnhof bietet das Radisson Blu in schneeweißer Optik und mit reduziertem Design ein Zuhause auf Zeit. Absolutes Highlight ist zweifelsohne die siebte Etage: Dort oben über den Dächern Roms befindet sich ein großer Pool nebst angesagter Zest-Bar und dem raffinierten Restaurant Sette. Von überall hat man einen sagenhaften Ausblick über die Bahngleise hinweg bis zu den Albaner Bergen.

Via Filippo Turati 171, 00185 Rom
www.radissonblu.com

7 Suede Store

Modisches Schuhwerk im Urban-Style, lässige Klamotten und coole Accessoires – drei gute Gründe, warum der Suede Store seit 2012 bei hippen und jungen Römern so beliebt ist. Natürlich sind es auch die großen Marken, die die Kundschaft nach Monti locken. Adidas, New Balance, Puma oder Champion sind nur einige. Zwischen Sneaker und Shirts finden regelmäßig Events statt. Fotografen stellen ihre Werke aus, DJs legen Platten auf, und neueste Modetrends werden vor sachkundigem Publikum präsentiert.
Via dei Serpenti 127, 00184 Rom
www.suede-store.com

8 Aromaticus

Die Via Urbana gehört zu den vielen Straßen in Monti, in denen sich in den letzten Jahren tolle Läden angesiedelt haben. Darunter das Aromaticus, wo es sehr grün zugeht. Francesca und Luca, die beiden Besitzer, haben sich dem Urban Gardening verschrieben. Sie führen Kräuter und viele Utensilien, die dem Stadtgärtner das Leben erleichtern. Zwischen Blumentöpfen, Basilikum & Co. werden ab mittags aromatische Salate und kleine, aber feine Gerichte angerichtet, deren Zutaten möglichst aus der Region stammen.
Via Urbana 134, 00184 Rom
www.aromaticus.it

9 Palazzo del Freddo

Die Eismanufaktur der Familie Fassi existiert seit 1880 und residiert in einem Palazzo im Viertel Esquilin. Betritt man den »Palast der Kälte«, könnte man meinen, in einer Bahnhofshalle aus der Gründerzeit gelandet zu sein, wäre da nicht die lange Theke mit 80er-Jahre-Charme. Darin kühlen nicht nur unwiderstehliche Eissorten (Pistazie!), sondern auch die berühmten *sanpietrini*, Eiskonfekt in Form des römischen Kopfsteinpflasters in leckeren Geschmacksrichtungen wie Kokos oder Zabaione.

Via Principe Eugenio 65, 00185 Rom
www.gelateriafasssi.com

10 Mercato Monti

Monti hat sich in den vergangenen Jahren von einem verschlafenen Viertel zu einer hippen Gegend entwickelt. Daran nicht ganz unbeteiligt ist der Mercato Monti, ein Designer- und Vintagemarkt, der samstags und sonntags stattfindet. Neben Boutiquebesitzern trifft man hier im Untergeschoss des Hotels Palatino auf junge Talente und ihre Kreationen. Hinreißender Schmuck, handgefertigte Taschen und coole Mode. Einige interessante Vintage-Stücke gibt es bei lässiger Clubmusik außerdem zu entdecken.
Via Leonina 46, 00184 Rom
www.mercatomonti.com

11 Gatsby Cafè

In der letzten Zeit zieht es immer mehr coole Locations in das etwas vernachlässigte Esquilin-Viertel. So wie das Gatsby Cafè, das sich in den einst prächtigen Kolonnaden an der Piazza Vittorio niedergelassen hat. Genauer gesagt in einem Hutladen aus den 1950er-Jahren, dessen charmanter Retrostil bei der Renovierung in das Café integriert wurde. Zwischen Nierentischen und Bowlern kann man heute auf drei Etagen von 7 bis 22 Uhr Cappuccino trinken, Gourmet-Brötchen kosten oder zum *aperitivo* einkehren.
Piazza Vittorio Emanuele II 106,
00185 Rom

12 Antico e Antico

Im Antiquitätenladen von Isabella Grava lässt es sich ganz wunderbar nach kleinen und großen Schätzen mit Vergangenheit stöbern. Dabei stößt man auf besonders viele Art-déco-Stücke und eine große Auswahl an Gläsern und Karaffen aus Italien und Frankreich. Und weil Isabella viel mehr Zeit in ihrem Laden als zu Hause verbringt, hat sie ihr Geschäft mit jeder Menge Liebe zum Detail wie eine Wohnung eingerichtet. Manch ein Römer wollte schon in ihre zauberhaften Vintage-Wohnwelten im Schaufenster einziehen!

Via Panisperna 53/54, 00184 Rom

13 Fafiuchè

Die Weinbar in einer Seitenstraße unweit des Kolosseums ist eine Schatzkammer voller Köstlichkeiten aus dem Piemont und Apulien. Ab 19 Uhr, zum *aperitivo*, füllt sich die kleine Theke mit Käsehäppchen, Wurstplatten, Crostini und vielem mehr, was der italienische Norden und Süden an Spezialitäten zu bieten haben. Die Auswahl an Weinen ist fantastisch und das Ambiente entspannt. Wer später zum Abendessen einkehrt, kann aus einer kleinen Karte wählen, die es geschmacklich in sich hat. Unbedingt reservieren!
Via della Madonna dei Monti 28, 00184 Rom, www.fafiuche.it

14 Piazza della Madonna dei Monti

Dieser charmante Platz mit hübschem Brunnen ist das romantische Herz des Viertels. Während es tagsüber recht gemächlich schlägt, erhöht sich am Abend der Takt. Dann kommen die Nachtschwärmer, bestellen sich in einem der winzigen Lokale ein Glas Rotwein oder einen Aperol Spritz und verwandeln die kleine Piazza in eine Open-Air-Bar. Sie trinken, diskutieren, philosophieren und flirten unter dem Sternenhimmel, bis sie zur nächsten Location im Viertel weiterziehen.

Piazza della Madonna dei Monti, 00184 Rom

15 Mosaic Studio Cassio

Mosaike – das ist die faszinierende Welt der Familie Cassio. Seit drei Generationen fertigt und restauriert sie weltweit diese feinen Kunstwerke. Mitten in Monti bietet das Studio Cassio nun interessierten Laien eine seltene Gelegenheit: In kleinen Gruppen wird man von Meistern in die Grundlagen dieses Handwerks eingeweiht und stellt unter Anleitung sein eigenes kleines Mosaik her, ein klassisches antikes Motiv oder ein Selbstporträt. Die Kurse dauern zweieinhalb Stunden und werden auch in Englisch abgehalten.

Via Urbana 98, 00184 Rom
www.studiocassio.com

16 Mercato Centrale Termini

Erwartet wurde er mit großer Spannung. Eingezogen ist er in den Hauptbahnhof Termini. Der Mercato Centrale, der neue Gourmet-Foodcourt in hochmodernem Look und mit »Marktständen«, an denen römische Berühmtheiten der Szene ihre Spezialitäten anbieten. So wie Gabriele Bonci, der »Michelangelo der Pizza«, oder Stefano Callegari mit seinen Trapizzini, Pizza-Teigtaschen mit unwiderstehlichen Füllungen. Dazu ein Bier vom Fass, und der kulinarische Himmel ist nah.

Via Giolitti 36, 00185 Rom
www.mercatocentrale.it/roma

17 Generator Hostel

In gewohnt lässigem Design residiert seit Kurzem ein Ableger der Generator-Hostels-Kette in einem renovierten Palazzo nahe dem Hauptbahnhof Termini. Auf sieben Stockwerken verteilen sich 75 stylische Zimmer, ein Café, eine schicke Bar und eine Chill-out-Lounge. Für noch mehr Entspannung sorgt im Sommer der sagenhafte Blick von der Dachterrasse. Jeden Abend wird ein Event für die Gäste organisiert, von der Mondscheintour durch Rom bis zur DJ-Nacht. Wi-Fi und eine 24-Stunden-Rezeption sind inklusive.
Via Principe Amedeo 257, 00185 Rom
www.generatorhostels.com

18 Machete Barber Shop

In Rom trägt Mann gerne Bart. Egal wie lang oder exzentrisch das Barthaar ist, gepflegt und gestutzt wird es in einem der Barber Shops, die in Rom nur so aus dem Boden sprießen. Zu den besten und coolsten gehören die Läden von Machete. Einer davon liegt mitten in Monti, in der Via degli Zingari. Im Retrolook präsentieren sich hier nicht nur die Einrichtung, sondern auch die Barbiere und ihre weiblichen Pendants, die *machetine*. Wem der Bart fehlt, der kann sich von den Profis die Frisur schnittig in Form rasieren lassen.

Via degli Zingari 18, 00184 Rom
www.macheteshop.it

19 La Bottega del Cioccolato

Auch wenn die Römer auf ihre *bella figura* achten, den süßen Kreationen der Schokoladen-Manufaktur können sie nicht widerstehen. Schon vor der kleinen Boutique duftet es verführerisch nach Kakao. Spätestens beim Anblick all der Pralinen, Bonbons und Schokoladen ist es mit der Zurückhaltung dann vorbei, man muss etwas von diesen Köstlichkeiten probieren! Gerade vor Ostern, wenn die beliebten Schokoeier in den Regalen stehen, wird der Andrang groß in dem kleinen Laden.
Via Leonina 82, 00184 Rom
www.labottegadelcioccolato.it

20 Le Gallinelle

Wilma Silvestri hat Philosophie studiert und viele Jahre als Kostümbildnerin für den Film gearbeitet. Heute entwirft sie wunderbare Kleidung, die jeden Tag tragbar, aber alles andere als banal ist. Überraschend sind nicht nur die Schnitte und die hohe Qualität ihrer fließenden Mäntel oder Kleider, sondern auch das Preis-Leistungs-Verhältnis. Passend zu ihrer Mode führt Wilma hochwertige Vintage-Accessoires wie Taschen oder Hüte. Sollte einmal etwas nicht richtig sitzen, wird es vor Ort im Atelier passend gemacht.

Via Panisperna 61, 00184 Rom
www.legallinelle.it

21 Nuovo Mercato Esquilino

Dieser Multikulti-Markt im Stadtviertel Esquilin ist ein sehenswerter Mix aus Farben und Gerüchen. An den Ständen werden exotische Gemüse- und Obstsorten mit unaussprechlichen Namen und Gewürze aus dem Orient ebenso angeboten wie fangfrischer Fisch und römische Spezialitäten. Die lautstarken Verkäufer kommen aus Indien oder Bangladesch, die kritischen Kunden aus China und von den Philippinen. Geöffnet ist dieses Fleckchen Orient mitten in Rom montags bis samstags von 7.30 bis 14 Uhr.

Via Principe Amedeo 184, 00185 Rom

€ 7,99
ORATA
SPARUS AURATA
FAO-37-3
SCONGELATO

VERDASICILA
€ 1,49
BIETA CINESE
1
PECSI/MOSTASA
CINESE
1 M.S.O
€ 1

SHOP ONLINE
W.PIFEBO.COM
COWBOYS

22 Pifebo

Freunde des gepflegten und coolen Vintagelooks kommen in Rom an Pifebo einfach nicht vorbei. In ihren mittlerweile drei knallbunten Shops mit Kultstatus verkaufen Elisa, Francesco und Cristiano Mode und Accessoires aus zweiter Hand. Die Auswahl an Adidas-Blousons und Karottenjeans, Bikerjacken, Cowboystiefeln oder Basketballshirts ist einfach großartig! Seit Kurzem ist auch die eigene Sonnenbrillenkollektion auf dem Markt. Selbstverständlich im Retrolook und »Made in Italy«!

Via dei Serpenti 141, 00184 Rom
www.pifebo.com

23 Palazzo Massimo alle Terme, Museo Nazionale Romano

Eine der größten Sammlungen antiker Kunst ist auf den drei Etagen des Palazzo Massimo verteilt. Darunter das Gartenzimmer aus dem Haus der Livia, der Gattin von Augustus. Und natürlich viele Skulpturen, Porträts und Reliefs. Die Eintrittskarte gilt auch für den Besuch der drei weiteren Standorte des Römischen Nationalmuseums: die gut erhaltenen Thermen des Diokletian, den Palazzo Altemps und die unterirdische Krypta Balbi.
Largo Villa Peretti 2, 00185 Rom
www.coopculture.it

24 Antonello Colonna Open

Das Museum Palazzo delle Esposizioni beherbergt außergewöhnliche Kunstwerke und ein Restaurant, das es optisch mit den Ausstellungsstücken aufnehmen kann. Das komplett verglaste, lichtdurchflutete, Open gehört dem Küchenchef Antonello Colonna, Fernsehstar und Sternekoch! Was sich zwar qualitativ, aber nicht preislich in dem Lunchbuffet unter der Woche und dem Brunch am Wochenende bemerkbar macht. Erst am Abend verwandelt sich das Open in ein Sternerestaurant.

Via Milano 9a, 00184 Rom
www.antonellocolonna.it

25 Panella

Das Panella gehört zu den besten und schönsten Bäckereien in ganz Rom. Kein Wunder also, dass Römer von nah und fern in die Via Merulana kommen, um den Morgen mit einem Cappuccino und *sfogliatelle napolitane* (Blätterteigkreationen aus Neapel) zu beginnen oder um eines der frischen Brote zu kaufen. Mittags steht dann ein leckeres Menü auf der Karte, und am frühen Abend wird zum *aperitivo* ein Buffet aufgetischt. Den schönsten Platz hat man dabei im schick gestalteten Außenbereich.

Via Merulana 54, 00185 Rom
www.panellaroma.com

da CARAVAGGIO

TINA SONDERGAARD

Modemacherin

DIE DÄNISCHE DESIGNERIN ENTWIRFT UND FERTIGT in ihrem kleinen Laden im pittoresken Monti feminine Mode, inspiriert von den 1950er- und 1960er-Jahren. Perfekte Schnitte und prägnante Muster sind das Markenzeichen von Tina Sondergaard, in deren maßgeschneiderten Kleidern sich auch Stars und Sternchen wohlfühlen. So wurde ein Modell aus der aktuellen Kollektion gleich auf mehreren High-Society-Events getragen: Zur Eröffnung der Mailänder Scala, auf dem roten Teppich der Oscar-Verleihung in Hollywood oder im Buckingham Palace zum Geburtstag der Queen. Hier erzählt Tina über ihren Modestil und was sie am meisten vermisst, wenn sie nicht in der Ewigen Stadt weilt.

Wie kommt eine Dänin nach Rom?
Eigentlich habe ich in Dänemark Jura studiert. Nach ein paar Monaten kam mir die Idee, dass ich vermutlich gar keine so gute Juristin sein würde. Gut angezogen? Ja! Aber gut als Anwältin? Wer weiß! Ich habe den Sprung ins kalte Wasser gewagt und bin nach Rom gegangen, um Mode zu machen. Meine Leidenschaft und ein Kindheitstraum! Diesen Sprung habe ich vor mehr als 30 Jahren gemacht und seither nie bereut.

Wie würden Sie den Stil Ihrer Kleider beschreiben?
Mein Herz schlägt für einen Stil, den man heute Retro nennt. In den 1940er, 1950er- und 1960er-Jahren gab es in der Mode einen Sinn für gute Schnitte und Eleganz. Ich habe Spaß daran, diese femininen Linien heute zu verwenden. Obwohl meine Kleider Figur zeigen, sind sie sehr bequem und meine Kundinnen schätzen das.

Welche Frauen tragen Ihre Mode?
Frauen, die sich in meinen Kleidern wohlfühlen. Egal welche Größe. Meine Kundinnen mögen es, Frau zu sein und es zu zeigen. Sie spielen gern mit Mode und sind experimentierfreudig. Dieses Spiel wagen nicht alle sofort. Viele stehen in Jeans vor meinem Schaufenster, verlieben sich in ein Kleid, glauben aber, dass dieser weibliche Stil nichts für sie sei. Eine Anprobe überzeugt sie meistens vom Gegenteil. Zumal ich das Kleid ganz nach ihren Vorlieben abändern kann. Am Ende zählt nur, dass die Frauen in den Spiegel schauen und sich schön finden. Eine Kundin aus Mailand fühlt sich so wohl in meinen Kleidern, dass sie mittlerweile 64 davon besitzt. 64! Unterschiedliche Muster, aber immer der gleiche Stil.

Was ist das Modegeheimnis der immer schicken Italienerinnen?
Die Italienerinnen haben ein besonderes Gespür für Mode. Eine härtere Schule als Italien hätte ich mir nicht aussuchen können. Viele Italienerinnen sind daran gewöhnt, perfekt sitzende Kleidung zu tragen, weil ihre Mütter und Omas sehr gut nähen. Sie sind unheimlich anspruchsvoll, investieren sehr viel Zeit und Mühe in ihr Äußeres. Sie wachsen mit einem ganz anderen Bewusstsein für Schönheit und Ästhetik auf. Wir in Nordeuropa setzen in vieler Hinsicht und auch modisch eher auf Understatement. Hier in Italien hingegen hatten die Renaissance und der üppige Barock einen starken Einfluss auf den Modegeschmack.

Warum haben Sie einen Laden in Monti eröffnet?
Als ich mit meinen Laden hier begonnen habe, gab es diese ganzen tollen Geschäfte, Künstler und Lokale, für die der Stadtteil heute so bekannt ist, noch gar

nicht. Allerdings war die Atmosphäre damals schon zauberhaft, denn Monti ist wie ein kleines Dorf mitten im antiken Rom. Es ist ein Viertel mit Seele. All diese kleinen Gassen und Winkel! Ich habe mich hier sofort wohl gefühlt.

Wo gibt es hier in Monti den besten Kaffee?

Im *Barzilai*. Das Bistro liegt bei mir um die Ecke. Die Atmosphäre dort ist sehr entspannt, und der frisch gebackene Kuchen ist sensationell. Ein echter Familienbetrieb! Die Mama backt die leckere Crostata selbst! Um ein frisches Stück davon zu bekommen, muss man manchmal morgens Schlange stehen.

Haben Sie ein paar Tipps für einen guten Aperitivo?

Am Abend verwandelt sich das *Barzilai* in eine Weinbar, in der sich viele Leute aus der Nachbarschaft zum Aperitivo treffen. Dann gibt es natürlich auf der *Piazza della Madonna dei Monti* unzählige Bars und Cafés, wie das *Bottega del Caffè*. Dort sind die Außenplätze unter einem Efeudach besonders schön. Und dann schaue ich noch sehr gern in einer Weinbar vorbei, die *Vino e Vino* heißt.

Was vermissen Sie, wenn Sie nicht in Rom sind?

Das Licht! Dieses wundervolle, einzigartige Licht! Es hängt viel vom Klima ab, wie man lebt, wie man sich kleidet und wie man isst. Römisches Leben spielt sich fast das ganze Jahr über draußen ab. Ich liebe diese Freiheit sehr und vermisse sie unheimlich, wenn ich nicht in Rom bin.

---

26 – Tina Sondergaard
Via del Boschetto 1d
00184 Rom

»Römisches Leben spielt sich fast das ganze Jahr über draußen ab. Ich liebe diese Freiheit und vermisse sie unheimlich, wenn ich nicht in Rom bin.«

TAS

PRATI & BORGO

Prati ist das Viertel der Rechtsanwälte und Notare, der breiten Boulevards und eleganten Paläste. In unmittelbarer Nähe zum Petersdom fühlt sich die römische Bourgeoisie zu Hause, um deren Wohlbefinden sich zahlreiche Restaurants, Cafés, Feinkosthändler und noble Shops kümmern. Eine *bella figura* zu machen spielt hier eine ebenso große Rolle wie im Zentrum Roms. Nur geht es hier im Schatten der Vatikanischen Museen etwas lässiger und unaufgeregter zu. Nach einem langen Arbeits- oder Shoppingtag verbringt man den Abend am liebsten bei einem Glas Wein draußen auf den Bürgersteigen vor den angesagtesten Locations.

SHOPS

3 Castroni
4 Antica Manifattura Cappelli
5 Aleeza
6 Dolce Maniera
8 Coin Excelsior
13 Andrea925

CAFÉ

9 Caffè Portofino
18 Sciascia Caffè

ESSEN

2 Solo Crudo
11 Mercato Trionfale
14 Da Romolo alla Mole Adriana
16 Pizzeria La Pratolina

KUNST & KULTUR

1 Piazza Cavour

AUSGEHEN

7 Il Sorpasso
10 La Zanzara
12 Chorus
17 Lian Club

HOTEL

15 Hotel Isa

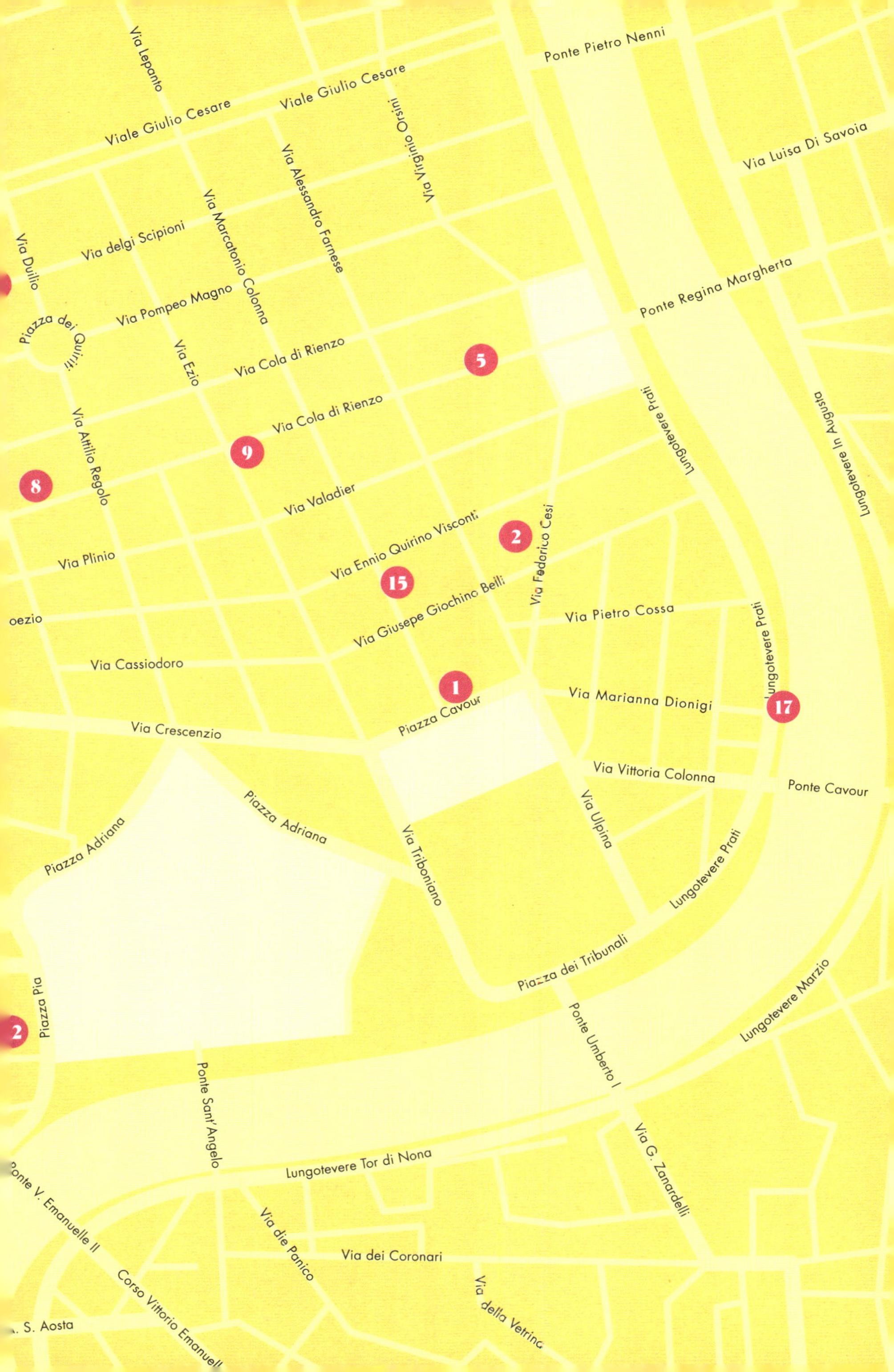
Via Lepanto
Ponte Pietro Nenni
Viale Giulio Cesare
Viale Giulio Cesare
Via Virginio Orsini
Via Alessandro Farnese
Via Luisa Di Savoia
Via Marcatonio Colonna
Via delgi Scipioni
Via Duilio
Ponte Regina Margherta
Via Pompeo Magno
Piazza dei Quiriti
Via Ezio
Via Cola di Rienzo
5
Via Cola di Rienzo
Lungotevere Prati
Lungotevere In Augusta
Via Attilio Regolo
9
8
Via Valadier
Via Ennio Quirino Visconti
2
Via Federico Cesi
Via Plinio
15
Via Giusepe Giochino Belli
oezio
Via Pietro Cossa
Lungotevere Prati
Via Cassiodoro
1
Via Marianna Dionigi
17
Piazza Cavour
Via Crescenzio
Via Vittoria Colonna
Ponte Cavour
Piazza Adriana
Via Ulpina
Piazza Adriana
Via Triboniano
Lungotevere Prati
Piazza dei Tribunali
Lungotevere Marzio
Piazza Pia
2
Ponte Umberto I
Ponte Sant'Angelo
Via G. Zanardelli
Lungotevere Tor di Nona
Ponte V. Emanuelle II
Via die Panico
Via dei Coronari
Corso Vittorio Emanuell
Via della Vetrina
S. Aosta

1 Piazza Cavour

»Hässlicher Palast«, nennen die Römer das Justizgebäude. Ob der Name sich auf die Urteile oder die Architektur bezieht, weiß keiner so genau. Fest steht, dass der große Platz ein beliebter Treffpunkt für Juristen, Kindermädchen samt ihrer Zöglinge und Hundebesitzer ist. Am Wochenende wird die Piazza abends von jungen Römern geflutet, deren Treiben man am besten vom Camillo B. aus beobachten kann. Von 18.30 bis 21 Uhr bietet es ein *Aperitivo*-Buffet, die Leckereien sind im Getränkepreis enthalten.

Piazza Cavour 21, 00193 Rom
www.camillob.com

2 Solo Crudo

Gesundes Essen liegt in Rom voll im Trend. So kommen im Solo Crudo nur bunte, vegane und rohe Gerichte auf den Tisch. Neben dem guten Gewissen essen hier auch die Augen mit. Das Tatar von Aubergine und Zucchini, die Temaki mit Peperonimarmelade oder die vegane Interpretation des römischen Pasta-Klassikers *Cacio e pepe* werden fantasievoll angerichtet und schmecken hervorragend. Dazu werden frische Säfte, Bier und Bio-Wein gereicht. Umweltfreundlich ist auch der Lieferservice auf Elektro-Rollern.
Viale Federico Cesi 22, 00193 Rom
www.solocrudo.com

3 Castroni

Seit 1932 verwöhnt der Feinkosthändler römische Gaumen mit den besten Produkten aus Italien und der ganzen Welt. Wiener Würstchen aus Deutschland. Kaffee aus eigener Röstung. Schokolade aus Perugia. Fischsoße aus Japan. Die bunten Schaufenster von Castroni quellen nur so über vor internationalen und teils skurrilen Köstlichkeiten. Drinnen wartet eine typische Café-Bar. Wem der Espresso dort geschmeckt hat, der kann eine Packung seiner Lieblingsbohnen anschließend mit nach Hause nehmen.

Via Cola di Rienzo 196, 00192 Rom
www.castronicoladirienzo.com

4 Antica Manifattura Cappelli

Wer stilvolle Kopfbedeckungen mag, wird den altmodischen Hutladen lieben! Patrizia Fabri entwirft einzigartige Hüte für die Haute-Couture, die Bühne oder nach individuellen Kundenwünschen. Zu bestaunen ist der exklusive Kopfschmuck in der Boutique einer der ältesten Hut-Manufakturen Roms, die Patrizia 2003 übernommen hat. Gefertigt werden die Stücke mit traditionellen Methoden in der Werkstatt, wo sich die hölzernen Kopfmodelle bis zur Decke stapeln.

Via degli Scipioni 46, 00192 Rom
www.antica-cappelleria.it

5 Aleeza

Das junge römische Modelabel macht seinem Namen alle Ehre. Der arabische Mädchenname bedeutet Freude, und die kommt beim Betreten des zuckersüßen Stores garantiert auf. Inspiriert von den 1950er- bis 1970er-Jahren präsentiert sich die Mode von Aleeza in einem unkomplizierten Stil mit farbintensiven Mustern. Richtig Spaß machen die passenden Accessoires wie Sonnenbrillen, Taschen und Hippie-Schmuck. Neben Damenmode gibt es auch reizende Kleider für Mädchen und eine kleine Ecke für den Herrn.
Via Cola di Rienzo 24/26, 00192 Rom
www.aleeza.it

NUOVI

6 Dolce Maniera

Achtung! Am römischen Schlaraffenland für süßes und herzhaftes Backwerk kann man schnell mal vorbeilaufen, denn der Eingang ist schmal und unscheinbar. Erst nach dem Abstieg über eine enge Treppe offenbart sich der Blick auf die Theke, in der sich eine unglaubliche Auswahl an Hörnchen, Kuchen, Broten und Pizzen stapelt. Angeboten werden all die Köstlichkeiten nicht nur zu sagenhaft günstigen Preisen, sondern auch rund um die Uhr. Das Dolce Maniera ist eine beliebte Anlaufstelle für hungrige Nachtschwärmer.

Via Barletta 27, 00192 Rom
www.dolcemaniera.it

7 Il Sorpasso

Das Lokal im Shabby-Chic-Style, mitsamt von der Decke hängendem Schinken, bietet von morgens bis abends alles, was die schicken jungen Römer aus der Nachbarschaft so brauchen. Am Morgen schauen sie auf ein schnelles Frühstück vorbei, während mittags und abends die frischen Gerichte sehr gefragt sind. Besonders beliebt ist das Il Sorpasso als Treffpunkt nach der Arbeit. Die große Auswahl an guten Weinen sowie hervorragenden Schinken- und Käseplatten hat sich in ganz Rom herumgesprochen.

Via Properzio 31/33, 00193 Rom
www.sorpasso.info

8 Coin Excelsior

Hinter dem Namen Coin verbirgt sich eine beliebte italienische Kaufhauskette. Darf die Filiale den Zusatz Excelsior tragen, verspricht das ein Einkaufsvergnügen der Extraklasse. Das findet in Rom auf dem breiten Einkaufsboulevard Via Cola di Rienzo auf drei Etagen statt. Im Erdgeschoss in der Beauty-Abteilung duftet es nach Chanel und Dior, während in der ersten Etage internationale Labels auf modebegeisterte Damen und Herren warten. Ganz unten gibt es noch einen kleinen und feinen Edel-Supermarkt.

Via Cola di Rienzo 173, 00192 Rom
www.coinexcelsior.com

9 Caffè Portofino

Hier herrscht von morgens bis abends ein reges Kommen und Gehen. Geschäftsleute aus der Nachbarschaft schauen auf einen schnellen *caffè* oder einen Mittagssnack vorbei. Kinder schlecken am Nachmittag ein hausgemachtes Eis. Nach der Arbeit oder einem Einkaufsbummel trifft man sich auf einen Aperitivo in dem großzügigen und überdachten Außenbereich. Von den Plätzen mitten auf dem Bürgersteig der edlen Einkaufsmeile Via Cola di Rienzo macht das Sehen und Gesehenwerden auch besonders viel Spaß.

Piazza di Cola di Rienzo 116, 00192 Rom, www.caffeportofino.it

10 La Zanzara

La Zanzara heißt Mücke – ein Name, der Gäste keineswegs abschreckt. Das Bistro ist immer voll. Die langen Schlangen vor dem Lokal im New-York-Schlachthofviertel-Look erklären sich durch den hohen Sehen-und Gesehenwerden-Faktor! Wer dieses römischen Schauspiel miterleben möchte, sollte sich zum *aperitivo* ab 18 Uhr einen Platz an der Bar sichern. Hier versteht man sein Handwerk! Zu Cocktails werden bis 21 Uhr kleine kulinarische Grüße aus der Küche serviert, die im Getränkepreis inbegriffen sind.

Via Crescenzio 84, 00193 Rom
www.lazanzararoma.com

11 Mercato Trionfale

Pralles römisches Marktleben gefällig? Dann nichts wie hin zum Mercato Trionfale, der mit über 250 Ständen zu den größten in Italien zählt. Kulinarisch lässt der Markt keine Wünsche unerfüllt. Hier gibt es vom Mozzarella aus Paestum über würzigen Schweinebraten aus Ariccia bis zu Tafelwein alles, was der römische Gaumen so mag. Und weil der Markt überdacht ist, bleibt er auch bei Regenwetter ein idealer Ort, um Römer bei ihrer morgendlichen Suche (außer sonntags) nach dem frischesten Gemüse und dem besten Obst zu beobachten.

Via Andrea Doria 3, 00192 Rom

12 Chorus

Die gerade Via della Conciliazione führt nicht nur direkt auf den Petersdom zu, sondern auch an einer der besten Bars von Rom vorbei. Über dem Konzertsaal des Auditorium Conciliazione mixt Massimo D'Addezio, ehemals oberster Barman im legendären Hotel Russie, erstklassige Drinks. Die genießt man in einem marmornen Saal in coolem Retro-Look. Wer mag, kann in dem schicken Ambiente auch vorzüglich speisen. Aufgrund der zahlreichen Events vor einem Besuch bitte unbedingt die Homepage checken!
Via della Conciliazione 4, 00193 Rom
www.choruscafe.it

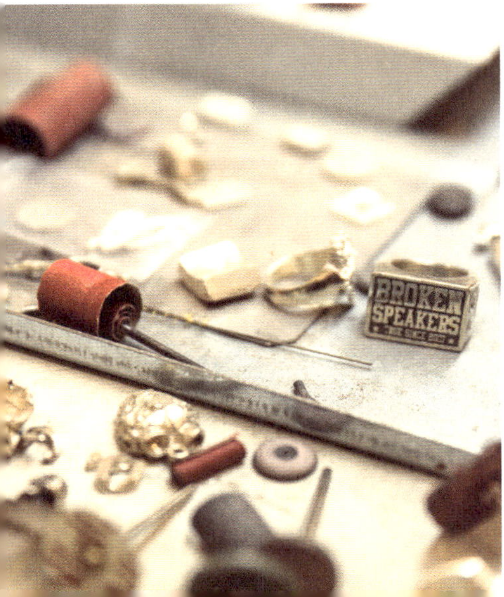

13 Andrea925

Als Spross einer Goldschmied-Familie wurde Andrea die Faszination für Schmuckstücke mit in die Wiege gelegt. Allerdings entschied er sich im Gegensatz zu seinem Großvater und Vater für die Arbeit mit Silber. In einem Atelier im Schatten des Vatikans fertigt Andrea breite Kettenarmbänder, massive Ringe – etwa in Form des Kolosseums oder einer Fotokamera –, extravagante Anhänger, aber auch Rosenkränze. Ebenso prägnant wie der Schmuck präsentiert sich der Store in einem klaren Industrial-Look.

Via Sforza Pallavicini 3, 00193 Rom
www.andrea925.com

14 Da Romolo alla Mole Adriana

Die Traditions-Trattoria in überraschend moderner Optik liegt mitten im touristischen Borgo Pio zwischen Engelsburg und Vatikan. Direkt neben dem Restaurant verläuft der Passetto, die Fluchtmauer der Päpste. Auf die haben Stammkunden wie Touristen dank gläserner Wände einen tollen Blick. Fischfreunde sollten unbedingt mit einem Teller *Antipasto di mare* in den Abend starten, den man im Sommer auf einer herrlichen Dachterrasse verbringen kann.

Vicolo del Campanile 12, 00193 Rom
www.daromoloallamoleadriana.it

15 Hotel Isa

Das Viersternehotel liegt nur einen Sprung von Piazza Navona und Petersdom entfernt. Begrüßt wird der Gast in einer schwarzweißen Art-déco-Lobby, während jede Etage darüber einem anderen Designthema gewidmet ist. Egal ob das Zimmer eher klassisch oder modern eingerichtet ist, alle haben Klimaanlage und Wi-Fi. Gefrühstückt wird in einem Pavillon in der obersten Etage. Dort wartet das absolute Highlight: eine Dachterrasse, von der man die Kuppel des Petersdoms bei Sonnenuntergang betrachten kann!
Via Cicerone 39, 00193 Rom
www.hotelisa.net

16 Pizzeria La Pratolina

In der Pizzeria kommt allabendlich (außer sonntags) eine römische Spezialität aus dem Steinofen auf den Tisch: *Pinsa romana*, eine ovale Pizza, mit leckeren Zutaten üppig belegt. Wer es deftig mag, wird die Spezialität des Hauses lieben. Auf der *Pinsa la pratolina* beispielsweise vereinen sich Trüffelcreme, Champignons, Mozzarella, Caciocavallo-Käse und Speck. Alle Kreationen sind so beliebt, dass man unbedingt reservieren sollte, wenn man an einem der grün-weiß karierten Tische ohne Wartezeit Platz nehmen möchte.

Via degli Scipioni 248, 00192 Rom
www.pizzerialapratolina.it

17 Lian Club

Livemusik – im Sommer unter römischem Sternenhimmel und im Winter unter Deck – auf einem Hausboot auf dem Tiber. So einfach und gut ist das Erfolgsrezept des Lian Clubs. Egal ob man auf dem Oberdeck tanzt, im Restaurant Pasta isst oder an der Bar einen Cocktail schlürft, von überall bietet sich ein toller Blick auf den Fluss. Musikalisch lässt der Lian Club sich in keine Schublade stecken: Von der Blues-Band, über Indie-Rocker bis hin zu angesagten Club-Beats, ist hier alles zu hören, was richtig gut ist.

Lungotevere dei Mellini 7, 00193 Rom
www.lianclub.it

CRISTIAN

Barista
im Sciascia Caffè

WER DAS SCIASCIA CAFFÈ UNWEIT DER VATIKANISCHEN MUSEEN BETRITT, wird von den typischen Begleitern der italienischen Kaffeekultur begrüßt: klappernde Tassen, zischender Wasserdampf, angeregtes Geplauder und ein intensiver Kaffeeduft. Der weht hier bereits seit 1919 durch die Räume, in deren nostalgischem Ambiente schon Generationen von Römern ihren Morgen-Cappuccino und Nachmittags-Espresso zu sich genommen haben. Bekannt ist das Sciascia für seinen caffè con cioccolato fondente, einen Espresso mit flüssiger dunkler Schokolade. Die Rezeptur wird Barista Cristian in dem folgenden Interview zwar leider nicht verraten. Allerdings plaudert er das Geheimnis eines perfekten Cappuccinos aus!

Warum sind Sie Barista geworden?

Ich bin seit 16 Jahren mit Leidenschaft Barista, weil mich die Welt des Kaffees fasziniert und ich gern mit Menschen zu tun habe. Ich liebe den Kontakt, den täglichen Austausch mit den Gästen. Außerdem reizt mich die Herausforderung, den individuellen Geschmack eines jeden Gastes zu treffen. Es macht mich einfach glücklich, wenn die Menschen das Sciascia Caffè mit einem zufriedenen Lächeln verlassen, weil ihnen mein Kaffee geschmeckt hat.

Was macht einen guten Barista aus?

Das Streben nach Perfektion, der Anspruch, den besten Kaffee zu servieren, und die Beschäftigung mit den Grundzutaten. Ich prüfe jeden Morgen die Qualität der Bohnen, des Wassers und die Justierung der Maschinen.

Was ist das Geheimnis eines perfekten Cappuccinos?

Neben einer gepflegten Maschine und der erfahrenen Hand eines Barista sind die Grundzutaten für einen Cappuccino natürlich ein guter Espresso und hochwertige Milch. Entscheidend ist im nächsten Schritt die Temperatur beim Schäumen: nicht unter 60, aber auch nicht über 70 Grad. Der Schaum sollte fein und cremig sein. Einfluss auf den guten Geschmack haben außerdem die Temperatur und Form der Tasse.

Was geht Ihnen durch den Kopf, wenn ein Tourist nach 12 Uhr einen Cappuccino bestellt?

Also, Italiener bestellen in der Regel keinen Cappuccino mehr nach dem Mittagessen. Da aber die internationalen Besucher Roms die jeweilige Kaffeekultur ihres Landes mit zu uns bringen, ist es für mich nicht mehr ungewöhnlich, noch am Nachmittag einen Cappuccino zuzubereiten. Anfangs war es für mich unbegreiflich, wie man erst eine wunderbare deftige *Carbonara* essen kann und anschließend einen Cappuccino trinkt. Und manchmal nicht nur einen, sondern zwei oder drei. Mittlerweile habe ich begriffen, dass für viele Touristen ein guter Cappuccino so etwas wie eine Süßigkeit oder ein Dessert ist.

Warum ist der Kaffee im Sciascia seit fast hundert Jahren so beliebt in Rom?

Wir sind ganz einfach bekannt für die hohe Qualität unseres *caffè*! Dahinter steckt mit Adolfo Sciascia eine außergewöhnliche Persönlichkeit, die sich seit über 50 Jahren diesem Genuss verschrieben hat. Von seinen Erfahrungen profitieren wir und unsere Gäste noch heute. Tagtäglich achtet Adolfo Sciascia darauf, dass seine höchsten Qualitätsansprüche erfüllt werden.

Welche Spezialitäten sollte man unbedingt probieren?

Schon der »einfache« Espresso ist dank einer fein abgestimmten Bohnenmischung ein Genuss. Ein wahres Geschmackserlebnis ist unser *caffè con cioccolato fondente* (Espresso mit dunkler flüssiger Schokolade). Die Rezeptur ist geheim und stammt von Adolfo Sciascia selbst. Die behutsam geschmolzene Schokolade wird zuerst in die Tasse gegeben. Und zwar so, dass sie die Innenwände bedeckt. Anschließend kommt der Espresso hinzu.

Was sollte man sich in Prati nach einem Espresso anschauen?

Der Petersdom und die Vatikanischen Museen liegen quasi in unserer Nachbarschaft. Wer gern einkaufen geht, ist auf der Via Cola di Rienzo gut aufgehoben. Folgt man ihr ab der Piazza Risorgimento in Richtung Tiber, gelangt man zur wunderbaren Piazza del Popolo. Auch die Engelsburg ist nur einen kleinen Spaziergang von uns entfernt.

Wo kann man in Prati typisch römisch essen gehen?

Unsere Nachbarn, die *Osteria Centouno*, machen zum Beispiel eine tolle römische Küche. Oder zehn Minuten Fußweg entfernt gibt es eine Osteria wie aus guten alten Zeiten. Sie heißt *Pizzeria Giaccomeli*. Die Pizza dort ist vermutlich nicht die beste in ganz Rom, aber sicherlich eine der besten in ganz Prati. Zu empfehlen sind auch die römischen *Suppli* (gefüllte, frittierte Reisbällchen) und natürlich die *Carbonara*.

---

19 – Sciascia Caffè
Via Fabio Massimo 80a
00192 Rom
www.sciasciacaffe1919.it

»Wer gern einkaufen geht, ist auf der Via Cola di Rienzo gut aufgehoben!«

TRASTEVERE

Trastevere ist ein Stadtviertel mit langer Tradition und vielen Gegensätzen. Während es am Morgen mit seinen ockerfarbenen Häuschen und den fast menschenleeren schmalen Gassen wie ein verschlafenes italienisches Dorf wirkt, quellen die zahlreichen Bars und Weinlokale am Abend über vor Besuchern aus der ganzen Welt. Von all dem touristischen Trubel und von den klischeehaften Restaurants mit karierten Tischdecken sollte man sich nicht täuschen lassen: Trastevere ist immer für eine Überraschung gut. Die kleine authentische Café-Bar, das romantisch ruhige Bed & Breakfast oder die traditionsreiche Porzellanmanufaktur liegen oft nur um die nächste Ecke.

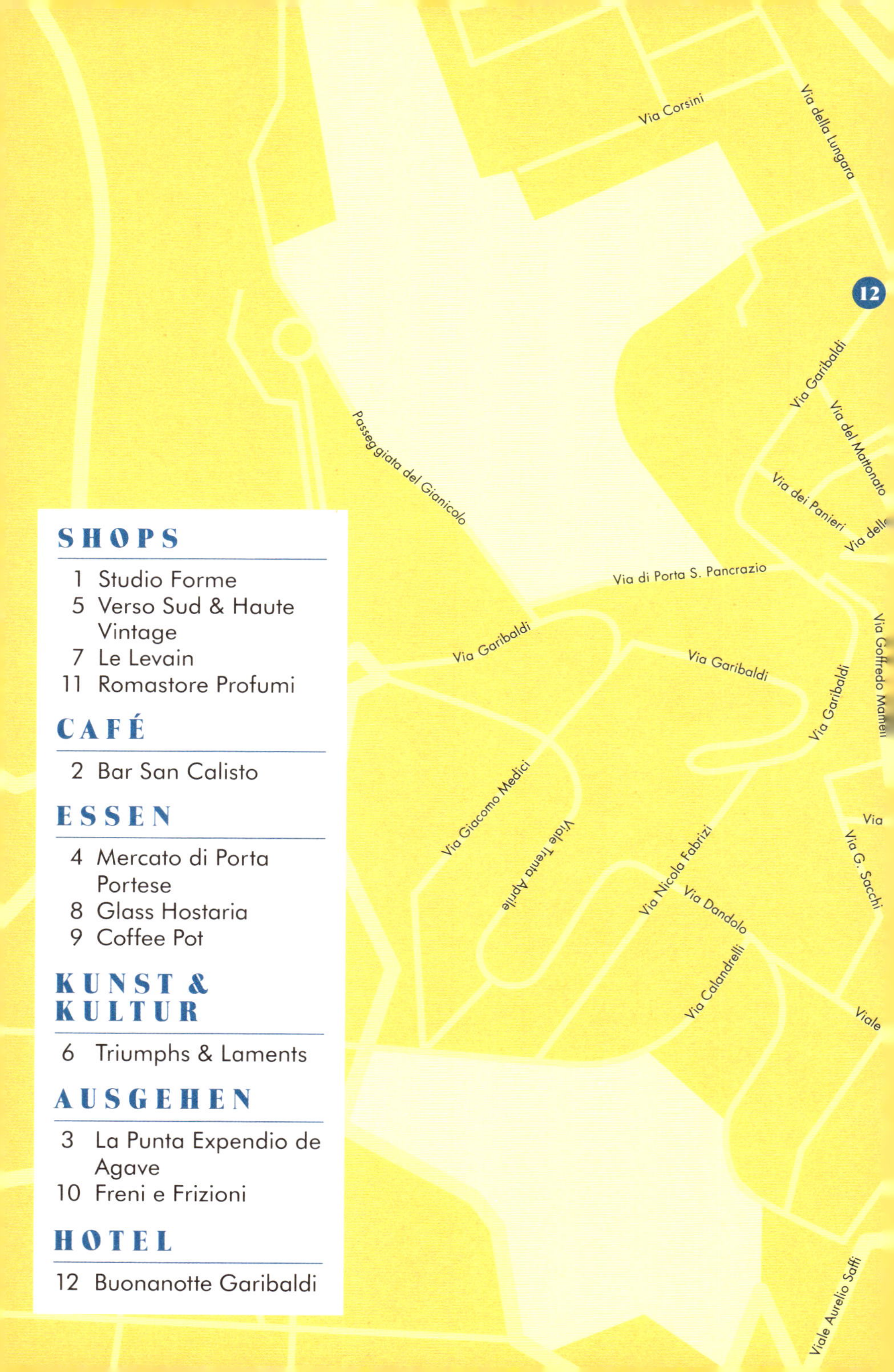

SHOPS

1 Studio Forme
5 Verso Sud & Haute Vintage
7 Le Levain
11 Romastore Profumi

CAFÉ

2 Bar San Calisto

ESSEN

4 Mercato di Porta Portese
8 Glass Hostaria
9 Coffee Pot

KUNST & KULTUR

6 Triumphs & Laments

AUSGEHEN

3 La Punta Expendio de Agave
10 Freni e Frizioni

HOTEL

12 Buonanotte Garibaldi

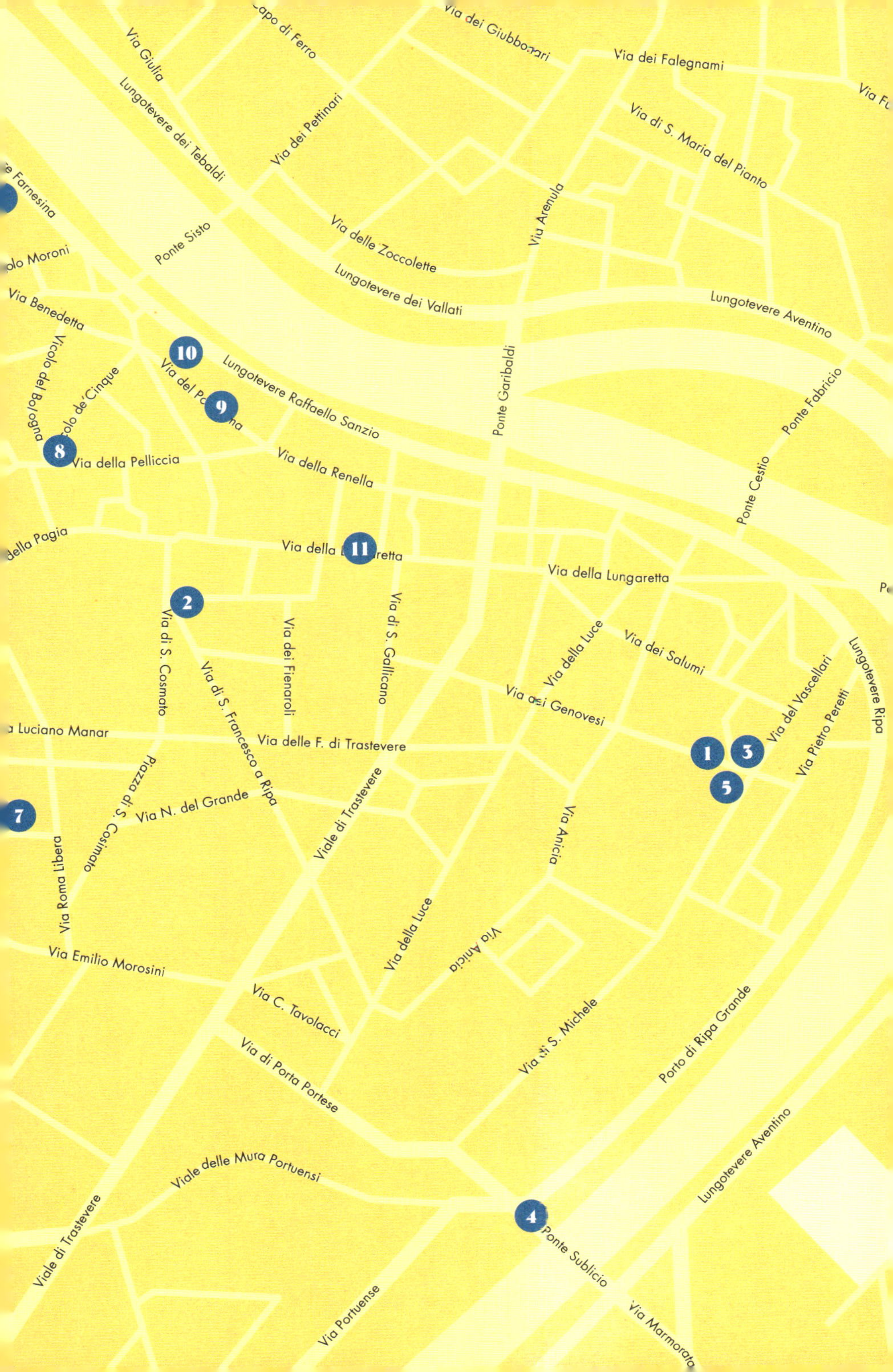

apo di Ferro
Via dei Giubbonari
Via dei Falegnami
Via Giulia
Lungotevere dei Tebaldi
Via dei Pettinari
Via di S. Maria del Pianto
Farnesina
Ponte Sisto
Via delle Zoccolette
Via Arenula
Lungotevere dei Vallati
Lungotevere Aventino
olo Moroni
Via Benedetta
Vicolo del Bologna
colo de' Cinque
10
Via del Po
na
9
Lungotevere Raffaello Sanzio
Ponte Garibaldi
Ponte Fabricio
8
Via della Pelliccia
Via della Renella
Ponte Cestio
della Pagia
Via della L
retta
11
Via della Lungaretta
2
Via di S. Cosmato
Via dei Fienaroli
Via di S. Gallicano
Via della Luce
Via dei Salumi
Via di S. Francesco a Ripa
Via dei Genovesi
Via del Vascellari
Lungotevere Ripa
Via Pietro Peretti
Luciano Manar
Via delle F. di Trastevere
1
3
5
Piazza di S. Cosimato
Via N. del Grande
Viale di Trastevere
Via Anicia
7
Via Roma Libera
Via della Luce
Via Anicia
Via Emilio Morosini
Via C. Tavolacci
S. Michele
Porto di Ripa Grande
Via di Porta Portese
Viale delle Mura Portuensi
Lungotevere Aventino
Viale di Trastevere
4
Ponte Sublicio
Via Portuense
Via Marmorato

1 Studio Forme

Seit 1973 hat sich die Werkstatt von Rita Rivelli und Giorgio Funaro einen großen Namen in der Restaurierung und Konservierung von Kunst aus verschiedenen Epochen gemacht. Außerdem ist Studio Forme bekannt für seine außergewöhnlichen Glas- und Keramikkollektionen, die in einem Laden unweit der Werkstatt zu bestaunen und zu kaufen sind. Die handgefertigten Tassen, Teller und Krüge sind echte Kunstwerke zum Benutzen. Ein künstlerisches Highlight sind die Glasskulpturen!

Via di Santa Cecilia 30, 00153 Rom
www.formeroma.it

2 Bar San Calisto

Glücklich schätzen darf sich jeder, der am Vormittag noch einen freien Platz auf einem der Plastikstühle vor der Bar findet. Hier, in der Café-Bar-Institution mitten im Herzen von Trastevere, trifft sich die Nachbarschaft zum Kaffeetrinken, Kartenspielen und Schwätzchen halten. Schönheitspreisverdächtig ist die Bar nicht. Was netten Service, faire Preise und leicht skurrilen Charme angeht, da ist sie allerdings spitze. So sehen das auch die Nachtschwärmer, die vor dem San Calisto gerne ein Bier oder einen letzten Schnaps trinken.

Piazza di San Calisto 3–5, 00153 Rom

3 La Punta Expendio de Agave

Das La Punta zählt zu den heißesten Neuerscheinungen in Rom. Hier spielen Mezcal und Tequila der Spitzenklasse die Hauptrolle auf der Cocktailkarte. Von sieben Reisen durch Mexiko hat die La-Punta-Crew ein unglaubliches Wissen über die Destillate aus der Agave mitgebracht. Im bunten und lässigen Ambiente wird die Margarita im Beutel serviert, das Bier in der Flasche, und die auf Spanisch verfasste Speisekarte punktet mit authentischen Gerichten.

Via di Santa Cecilia 8, 00153 Rom
www.lapuntaexpendiodeagave.com

4 Mercato di Porta Portese

Rund um die Porta Portese, eines der Tore der alten römischen Stadtmauer, findet jeden Sonntag ein Trödel-, Antik- und Kitschmarkt statt. Auf den mehr als 1000 Ständen wird vom Kerzenständer mit Patina bis zum »echten« Paschminatuch aus China fast alles angeboten, was einen Käufer finden könnte. Der Markt ist von 6 bis 14 Uhr geöffnet und ideal zum Stöbern und Staunen, bevor man zum sonntäglichen *pranzo* (Mittagessen) in eines der vielen Lokale in Trastevere einkehrt.

Piazza di Porta Portese, 00153 Rom

5 Verso Sud & Haute Vintage

Verso Sud! Allein der Name lässt die Augen der Römerinnen leuchten, die es modisch eher individuell und exklusiv mögen. Von casual bis zum Abendoutfit, vom passenden Schuh bis zum Schmuckstück – die Boutique bietet das ganz weite Modespektrum nationaler und internationaler Labels. Vor Kurzem ist Verso Sud in großzügige Räume an der Piazza di Santa Cecilia umgezogen. Mit eingezogen ist Haute Vintage und erweitert das Angebot um ausgesuchte Secondhand-Stücke von bekannten Edelmarken.
Piazza di Santa Cecilia 16, 00153 Rom

6 Triumphs & Laments

24 Stunden am Tag und unter freiem Himmel ist das Werk des Künstlers William Kentridge ausgestellt. Von der Ponte Sisto aus hat man einen besonders guten Blick auf die Schattenkunst und Öko-Streetart des Südafrikaners. Entlang der Ufermauer des Tibers erstrecken sich auf einer Länge von 500 Metern 80 riesige Motive, die Ereignisse aus der römischen Geschichte darstellen. Mithilfe von Schablonen und einem Hochdruckwasserstrahl wurden sie aus dem Grau der Ufermauer herausgewaschen. Seitdem ist Rom um eine Attraktion reicher.

www.triumphsandlaments.com

7 Le Levain

Seitdem Giuseppe Solfrizzi die Bäckerei eröffnet hat, duftet es unwiderstehlich Französisch in den Gassen von Trastevere. Nach Croissants, Éclairs, Baguettes oder Quiches Lorraines. Die hohe Kunst des Backens hat Giuseppe von wahren Meistern in Frankreich und Belgien erlernt. Kunstvoll arrangiert, werden die bunten und süßen Köstlichkeiten hinter Glas präsentiert. Wobei die Römer auch wegen der knusprigen Brote und kreativ belegten Brötchen aus allen Himmelsrichtungen ins Le Levain strömen.

Via Luigi Santini 22–23, 00153 Rom
www.lelevainroma.it

8 Glass Hostaria

In Apulien geboren, lange in Amerika studiert und gearbeitet, nach Rom gekommen, einen Michelinstern erkocht. Das ist die Kurzfassung der Biographie von Cristina Bowerman, einer der kreativen und innovativen Größen in der römischen Sterneküche. Mitten im traditionellen und touristischen Trastevere ist sie seit 2006 Küchenchefin der Glass Hosteria. Ein Restaurant mit Minimal-Schick, herausragender Küche und Weinauswahl. Bei einem Degustationsmenü schmeckt man die Extraklasse von Cristina besonders gut heraus.

Vicolo del Cinque 58, 00153 Rom
www.glass-restaurant.it

9 Coffee Pot

Bevor Melissa Leone das Coffee Pot in Trastevere eröffnete, hat sie eine Weile in Kalifornien gelebt. Weit weg von Rom entwickelte sie eine Leidenschaft für Sushi und Tacos, die sie nun in einem stylischen Restaurant mit großem Erfolg auslebt. Szene-Römer und hippe Touristen lieben es, zwischen Kakteen zu sitzen, ausgefallene Sushi-Kreationen zu kosten und leckere Cocktails zu schlürfen. Regelmäßig legen zur späteren Stunde DJs auf, während die Gäste in einer kleinen Lounge mit Blick auf den Tiber chillen dürfen.

Via del Politeama 20, 00153 Rom
www.coffeepotcompany.com

WE ARE
AGAINST
WAR
AND TOURIST
MENU

10 Freni e Frizioni

»It´s Getting Hot«, »The Bitter End« oder »Smoking Kills«. Das ist nur eine kleine Auswahl der Cocktails im Freni e Frizioni, deren Namen nicht ganz ernst gemeint sind, aber von den Barkeepern mit großer Ernsthaftigkeit geschüttelt und gerührt werden. Hinter dem lässigen Street-Bar-Image mit Alt-Punk-Charme der Location stecken Vollprofis in Sachen Hochprozentigem. Besonders beliebt bei dem internationalen Publikum ist der Aperitivo, bei dem im Getränkepreis der Gang zum vorwiegend vegetarischen Buffet inbegriffen ist.

Via del Politeama 7, 00153 Rom
www.freniefrizioni.com

11 Romastore Profumi

Die Parfümerie ist ein Paradies für alle, die auf der Suche nach einer individuellen Duftnote sind. In den Regalen reiht sich ein kunstvoller Flakon neben den anderen, und darin warten Nischen-Parfüms auf ihre olfaktorische Entdeckung. Die Duftnoten stammen aus kleinen, aber feinen Parfümhäusern wie Floris London, Etro oder Byredo Parfums. Die Schaufensterauslage der *Profumeria* gilt als eine der schönsten in ganz Rom. Alle zwei Monate wird die fantasievolle Dekoration umgestaltet.

Via della Lungaretta 63, 00153 Rom
www.romastoreprofumi.it

LUISA LONGO

Stoffkünstlerin und Besitzerin
des Buonanotte Garibaldi

VERSTECKT HINTER DER MAUER EINES EHEMALIGEN KONVENTS, liegt das kleine Luxus-Bed-&-Breakfast, nur ein paar Schritte vom turbulenten Herzen Trasteveres entfernt. Touristenströme und Verkehrslärm geraten jedoch schnell in Vergessenheit, sobald man den pittoresken Innenhof mit Orangenbäumen und Palmen betritt. Die drei stilvollen Gästezimmer sind voller einzigartiger Kunstwerke der Besitzerin dieser Oase des guten Geschmacks. Luisa Longo malt ihre traumhaften Motive auf Stoff, am liebsten auf feine Seide. Für die Fiber-Art-Künstlerin ist das Buonanotte Garibaldi Zuhause, Atelier und Galerie in einem. Wir sprechen mit Luisa über ihre Kunst und Lieblingsorte in der Ewigen Stadt.

Luisa, Sie sind Fiber-Art-Künstlerin. Erzählen Sie uns bitte etwas über ihre Kunst.

Als ich jung war, habe ich sechs Jahre in Paris gelebt und dort Seidenmalerei erlernt. In dieser Zeit habe ich mich intensiv mit Stoffen beschäftigt, während ich vor allem Gartenmotive gemalt habe. Heute sind meine Motive abstrakt, und ich kombiniere verschiedene Techniken, um interessante Effekte zu erzielen, die erst auf Seide zur Geltung kommen. Grundsätzlich male ich am liebsten Bilder. Wobei ich momentan eine Blusenkollektion plane. Tücher gestaltete ich eigentlich immer. Und dann gibt es natürlich noch wunderbare Kleinigkeiten wie Terminkalender, die mit meinen Stoffen bezogen sind.

Wovon werden Sie bei Ihrer Arbeit inspiriert?

Ich schöpfe meine Inspiration aus spirituellen Momenten, die ich mit alltäglichen Erlebnissen verbinde. Gestern waren es die intensiven Farbtöne eines Gemäldes, die mich in den Bann gezogen haben. Oder vergangene Woche war es ein Film von Jane Austen. Ein anderes Mal kann es ein Buch oder ein Spaziergang im Wald sein.

Wie haben Sie dieses wunderbare Anwesen in Trastevere gefunden?

Mein Vater hat es in den 1960ern erworben. Es gehörte zu einem Kloster und war ein Käselager. Bei den Umbauarbeiten hat mein Vater die ungewöhnlich flache Struktur erhalten. Wir lebten ja in Bologna, aber als Kind habe ich hier sehr viel Zeit mit meinen Eltern verbracht. Die Idee, dass man etwas Wunderbares aus diesem Gebäude machen könnte und müsste, begleitete mich mein ganzes Leben. Aber erst nach dem Tod meiner Eltern entschied ich mich, Bologna zu verlassen, das Haus zu renovieren und hier einzuziehen. Ein Jahr später, 2005, habe ich dann das Buonanotte Garibaldi eröffnet. Ein Bed & Breakfast mit drei exklusiven Gästezimmern und voller Seidenmalerei.

Was mögen Ihre Gäste besonders am Buonanotte Garibaldi?

Sie lieben es, in eine Oase der Ruhe und des Friedens zu kommen. Vielleicht mögen sie aber auch diese hohe, sichere Mauer, hinter der sich unser wundervoller Innenhof versteckt. Oder ihnen gefällt unser Service. Alle werden wie langjährige, sehr geschätzte Gäste behandelt, mit denen ich immerhin eine Zeitlang zusammenlebe. Auch wenn das Haus groß genug ist, um sich nicht ständig über den Weg zu laufen, erzeugt es doch eine gewisse Intimität, die unsere Gäste sehr zu schätzen wissen. Dann gefallen vielen natürlich die herrlichen Stoffe, von denen sie ständig umgeben sind.

Welche Restaurants in Rom empfehlen Sie ihren Gästen?

Was ich immer empfehle ist *Pianostrada* (S. 26), das vor kurzer Zeit auf die andere Seite des Tibers gezogen ist. Was die vier Damen dort zaubern, ist köstlich. In Trastevere mag ich noch die *Osteria Ferrarino,* in der römische und italienische Gerichte zusammen mit tollen Weinen serviert werden. Dort sollte man auf jeden Fall reservieren, um sicher einen Platz zu bekommen. Und natürlich *Da Teo,* wo man Pasta bestellen sollte.

Was sind Ihre Lieblingsorte in Rom?

Wenn ich Besuch habe, führe ich den immer gern zu den beeindruckenden *Fori Imperiali* (Kaiserforen) und ins *Monti-Viertel* (ab S. 108) mit seinen tollen Shopping-Gelegenheiten. Ich selbst liebe die *Piazza del Popolo* und die *Villa Borghese* (S. 234). Und dann gefällt mir Trastevere. Allerdings bevorzuge ich den ruhigeren Teil rund um die Kirche Santa Cecilia. Dort sind wunderbare Geschäfte wie das *Studio Forme* (S. 182), in dem es einzigartige Glaskunst und Keramik gibt. Und dann mag ich noch den *Aventin* mit seinen Kirchen.

Welche Museen sollte man in Rom unbedingt besuchen?

Die unvergleichliche *Galleria Barberini* und natürlich die *Galleria Borghese* mit ihren Kunstschätzen. Erst vor Kurzem habe ich das *Museo Orientale* in der Nähe von Santa Maria Maggiore entdeckt. Es ist sehr sehenswert. Und dann gehe ich noch gerne in das *MAXXI* (S. 236).

---

12 – Buonanotte Garibaldi
Via Giuseppe Garibaldi 83
00153 Rom
www.buonanottegaribaldi.com

»Wenn ich Besuch habe, führe ich den immer gern zu den beeindruckenden Kaiserforen und ins Monti-Viertel mit seinen herrlichen Shopping-Gelegenheiten.«

TESTACCIO & OSTIENSE

In Testaccio treffen sich das alte und das neue Rom. Rund um den Monte Testaccio, einen Hügel, den die antiken Römer aus Scherben zerbrochener Tonkrüge aus dem nahe gelegenen Hafen aufgehäuft haben, essen die neuen Römer in traditionellen Restaurants und tanzen in angesagten Clubs. Im ehemaligen Schlachthof der Stadt ist ein Ableger des MACRO eingezogen, des Museums für moderne Kunst. Auch der postindustrielle Charme von Ostiense mit seinen stillgelegten Fabriken und verlassenen Hallen wird von jungen Gastronomen und Künstlern geliebt. Optisch und modisch geht es hier im Süden der Stadt viel entspannter zu als im herausgeputzten Zentrum.

SHOPS

1 Le Bambole
4 Kast Clothing
5 Emporio delle Spezie
7 Real Style
9 Volpetti
12 Eataly

CAFÉ

6 Tram Depot

ESSEN

3 Flavio al Velavevodetto
8 Romeo Chef & Baker
16 Stazione di Posta

KUNST & KULTUR

2 Mercato Testaccio
10 Centrale Montemartini
11 Ex-Mattatoio
17 Kulturverein Ottavo Colle

AUSGEHEN

13 Makai Surf & Tiki Bar
14 La Maisonnette Ristrot
15 Mercat Bistrot & Old Bar

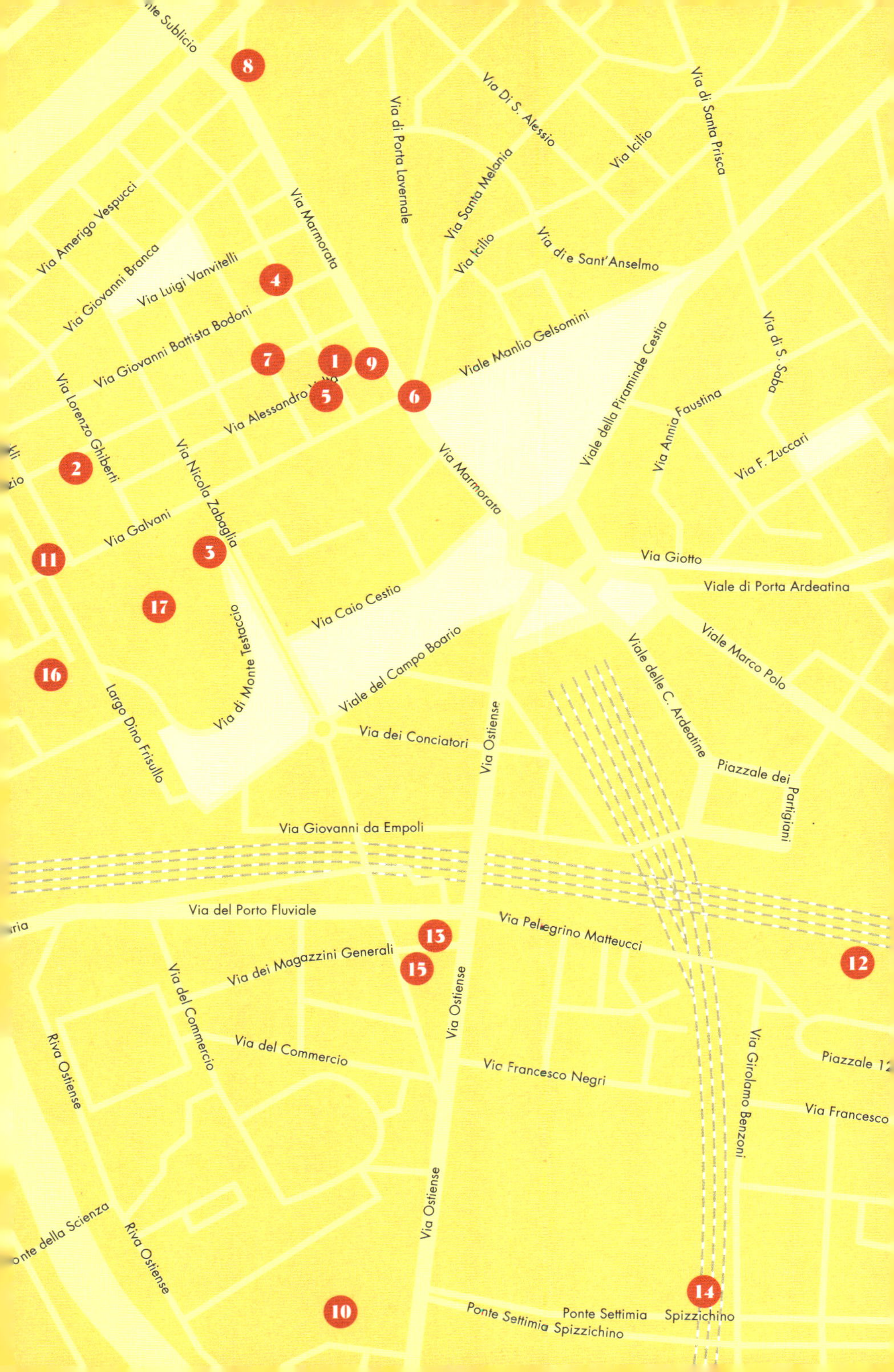

Via Amerigo Vespucci
Via Giovanni Branca
Via Luigi Vanvitelli
Via Giovanni Battista Bodoni
Via Marmorata
Via di Porta Lavernale
Via Di S. Alessio
Via Santa Melania
Via Icilio
Via di Santa Prisca
Via Icilio
Via di e Sant'Anselmo
Viale Manlio Gelsomini
Viale della Piraminde Cestia
Via di S. Saba
Via Annia Faustina
Via F. Zuccari
Via Lorenzo Ghiberti
Via Alessandro Volta
Via Nicola Zabaglia
Via Marmorata
Via Galvani
Via Giotto
Viale di Porta Ardeatina
Via Caio Cestio
Viale Marco Polo
Viale delle C. Ardeatine
Via di Monte Testaccio
Viale del Campo Boario
Largo Dino Frisullo
Via dei Conciatori
Via Ostiense
Piazzale dei Partigiani
Via Giovanni da Empoli
Via del Porto Fluviale
Via Pellegrino Matteucci
Via dei Magazzini Generali
Via del Commercio
Via Ostiense
Riva Ostiense
Via del Commercio
Via Francesco Negri
Via Girolamo Benzoni
Via Francesco
Via Ostiense
Riva Ostiense
Ponte Settimia Spizzichino
Ponte Settimia Spizzichino
1
2
3
4
5
6
7
8
9
10
11
12
13
14
15
16
17

1 Le Bambole

Herrlicher Kitsch oder doch eher Kunst? Im Schaufenster des Bambole buhlen Spieluhren um die Aufmerksamkeit mit funkelnden Abendhandtaschen oder Ohrringen mit dem Konterfei von Frida Kahlo. Auch in dem winzigen Laden weiß man gar nicht, wohin man vor lauter Spiegeln, Schmuck und anderen herrlichen Kleinigkeiten schauen soll. Hinter diesem Gesamtkunstwerk stecken Eliana und Gianni, die gemeinsam seit mehr als 35 Jahren einen Großteil ihrer Ware in aufwendiger Handarbeit selbst herstellen.

Via Luca della Robbia 11, 00153 Rom
www.lebambole-testaccio.it

2 Mercato Testaccio

Was den Testaccio-Markt so sehenswert macht, ist nicht nur seine moderne Architektur. Es sind vor allem die nicht ganz gewöhnlichen Marktstände, die wie kleine Häuschen aussehen und Box genannt werden. In Box Nr. 15 belegt Sergio im legendären Mordi e Vai Brötchen mit typisch römischen Köstlichkeiten wie Ochsenschwanz oder Fleischklößchen. Bei Cocci & Madera, in Box Nr. 8, gibt es Deko-Objekte zu kaufen, und bei Nummer 64 findet sich immer ein Paar modischer Schuhe.

Via Galvani Ecke Via Beniamino Franklin, 00153 Rom, www.mercatoditestaccio.it

3 Flavio al Velavevodetto

Was Flavio auftischt, ist typisch römische Hausmannskost. Seine *Tonnarelli cacio e pepe* (Pasta mit Pecorino und Pfeffer) oder *Polpette di bollito* (frittierte Fleischklöße) sind so beliebt, dass eine Reservierung empfehlenswert ist. Die Osteria wurde direkt an den Monte Testaccio gebaut. Freien Blick auf das antike Innenleben des Hügels, der aus Tonscherben errichtet wurde, garantieren die Fenster im hinteren Teil des Lokals. Im Sommer hat man Platz im kleinen Innenhof oder etwas erhöht auf einer kleinen Terrasse.

Via di Monte Testaccio 97, 00153 Rom
www.flavioalvelavevodetto.it

4 Kast Clothing

Viele Römerinnen zieht es auf der Suche nach jungen Labels und angesagten Designern in kleine Boutiquen fernab des internationalen Modetrubels im Zentrum. An der gemütlichen Piazza Testaccio liegt ein solcher Geheimtipp für Damen mit Sinn für individuelle Mode. Unter einem großen Glaslüster hängen im Kast Clothing ausgesuchte Teile von stilsicheren und modernen Fashionmarken wie Alysi oder Aniye By. Wunderbar darauf abgestimmte Accessoires und Schuhe sind weitere gute Gründe, sich hier von Kopf bis Fuß neu einzukleiden.

Piazza Testaccio 33, 00153 Rom

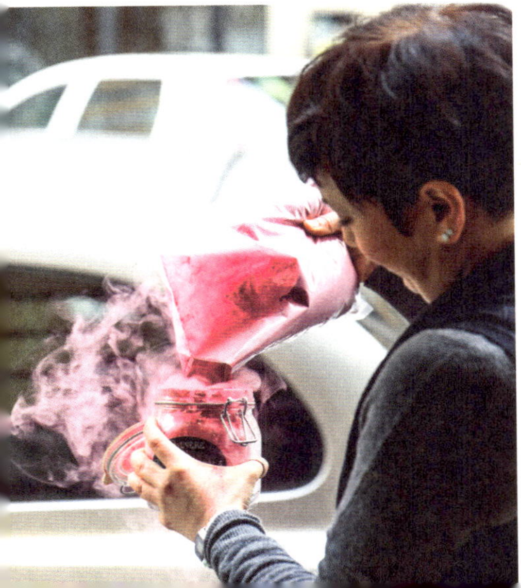

5 Emporio delle Spezie

Vanille aus Tahiti, rotes Salz aus Hawaii, feiner Safran, scharfe Peperoncini und viele andere Gewürze, Kräuter sowie Teesorten aus der ganzen Welt stehen hier zum Verkauf. Alles wird wie in guten alten Tante-Emma-Laden-Zeiten in Gläsern gelagert, die in Reih und Glied die Wände des Verkaufsraumes im Miniaturformat zieren. Im Emporio delle Spezie suchen sowohl Hausfrauen den Geschmackskick für das nächste Familienessen als auch Profiköche seltene Zutaten für ihre besonderen Kreationen.

Via Luca della Robbia 20, 00153 Rom
www.emporiodellespezie.com

6 Tram Depot

Neben Stühlen im Shabby-Chic-Look sprießen Rosenranken aus dem Asphalt. Blumentöpfe zieren die Tische, die mitten auf dem Bürgersteig stehen. Dank *guerilla gardening* ist das reizende Straßencafé eine kleine Oase an der vielbefahrenen Via Marmorata. Morgens wird Cappuccino in dem Kiosk zubereitet, der mit Teilen einer ausrangierten Straßenbahn dekoriert wurde. Im Sommer steht *Grattachecca* (geschabtes Eis mit Sirup) auf der Karte. Am Abend wird es voll rund um das Tram Depot, denn die Römer lieben es, hier laue Sommernächte zu verbringen.
Via Marmorata 13, 00153 Rom

ESCLUSI
COLI PP TT

7 Real Style

Real – das steht für die beiden Anfangsbuchstaben der Brüder Renato und Alessandro. Testaccio, das ist nicht nur das Stadtviertel, in dem sie gemeinsam einen Laden für lässige Herrenmode führen, sondern ihr römischer »Kiez«, in dem die beiden Herren aufgewachsen sind. Und der Style ist überraschenderweise *very british*. Renato und Alessandro verkaufen mit italienischer Leidenschaft hauptsächlich britische Labels: Hemden und Poloshirts von Ben Sherman, Mäntel von Brixtol oder Hoodies von Merc.

Via Mastro Giorgio 24–26, 00153 Rom
www.realstylerxx.com

8 Romeo Chef & Baker

Der brandneue Coup der Sterneköchin Cristina Bowerman ist ein gastronomisches Projekt der Superlative. Das Romeo erstreckt sich über gigantische 2000 Quadratmeter und liegt am Fuß des südlichsten der sieben Hügel, des Aventin. Ausreichend Platz also für ein Restaurant, eine neapolitanische Pizzeria, eine Eisdiele, einen Streetfood-Stand und eine Bäckerei. Alle Räumlichkeiten präsentieren sich im allerbesten italienischen Design! Allein die avantgardistischen Deckenkonstruktionen sind schon einen Besuch wert.
Piazza dell'Emporio 28, 00153 Rom
www.romeo.roma.it

9 Volpetti

Im Schlaraffenland für Feinschmecker hängen die Schinken nicht nur sprichwörtlich von der Decke. Sie baumeln auf Nasenhöhe und verströmen einen Duft, dem man nur schwerlich widerstehen kann. So wie den übrigen Spezialitäten: Käse in allen Formen und Reifegraden, Salami mit Rotwein, Brot aus der eigenen Bäckerei, Olivenöl aus Norditalien oder leckere Pizza. Direkt um die Ecke liegt die Taverna Volpetti. Hier kann man einige der Köstlichkeiten aus dem Laden bei einem Glas hervorragenden Rotweins genießen.

Via Marmorata 47, 00153 Rom
www.volpetti.com

10 Centrale Montemartini

Als in den berühmten Kapitolinischen Museen wegen Umbauten Platzmangel herrschte, wurden einige der antiken Skulpturen in das stillgelegte, zwischenzeitlich halb verfallene und dann renovierte Kraftwerk Centrale Montemartini in Ostiense ausgelagert. Seitdem stehen die aus hellem Stein gemeißelten Köpfe und Körper von römischen Dichtern, Denkern und Göttern in Industriehallen anno 1912 vor glänzenden schwarzen Dampfmaschinen. Ein absolut sehenswerter Kontrast!

Via Ostiense 106, 00154 Rom
www.centralemontemartini.org

11 Ex-Mattatoio

1975, nach fast 100 Jahren, schloss der Schlachthof in Testaccio seine Pforten. Fast zur Industrieruine verfallen, wurde der riesige Komplex viele Jahre später renoviert. Ohne die alten Strukturen zu zerstören, in die mittlerweile neue Mieter eingezogen sind: wie die Außenstelle des MACRO (Museum für zeitgenössische Kunst) oder die Città dell´altra economia. Zu der »Stadt des anderen Wirtschaftens« gehören Supermarkt, Café und Restaurant sowie ein sonntäglicher Markt.

Piazza Orazio Giustiniani, 00153 Rom
www.museomacro.org
www.cittadellaltraeconomia.org

12 Eataly

Das Edel-Food-Shoppingcenter erstreckt sich auf drei Etagen eines Ex-Bahnhofsgebäudes. Im Erdgeschoss wird man von einem schneeweißen Café und einer tollen Bäckerei begrüßt. In den Etagen darüber wird Pasta frisch zubereitet, Bier aus der ganzen Welt, Wein und Kochbücher verkauft. Mittendrin liegen diverse Restaurant-Inseln, in denen die Römer besonders gern am Wochenende frittierte Scampi, leckere Pizza oder saftige Steaks essen. Geöffnet hat das Schlemmerparadies täglich bis 24 Uhr.

Piazzale XII Ottobre 1492, 00154 Rom
www.eataly.net

13 Makai Surf & Tiki Bar

Ein Surferparadies im coolen L.-A.-Look inklusive Südseefeeling? Mitten in Rom? Das gibt es, und zwar gleich auf zwei Etagen! Im Erdgeschoss der Makai Surf & Tiki Bar wird das meist junge und lässige Publikum mit Wandgemälden von VW-Bussen und einer Cocktailkarte in Surfbrettform empfangen. Darunter liegt die Tiki-Bar mitsamt herrlichem Aloha-Kitsch. Ganz viel Bambus, Ukulelen und Palmen machen das Hawaii-Ambiente hier perfekt. Dazu gibt es tropische Cocktails und regelmäßige Südsee-Events.

Via dei Magazzini Generali 4b,
00154 Rom

14 La Maisonnette Ristrot

Das romantische Restaurant ist in ein altes knallrotes Bahnwärterhäuschen eingezogen, das die jungen Besitzer mit viel Liebe zum Detail geschmackvoll restauriert haben. Highlight aber ist der große Außenbereich. Die Terrasse mit französischem Bistro-Charme ist ein echter Sommernachtstraum! Mit Blick ins Grüne und auf moderne Architektur trinkt man hier leckere Cocktails und genießt anschließend junge italienische Küche mit Niveau. Im Sommer finden regelmäßig Open-Air-Kinoabende und Swing-Konzerte statt.
Via Giacinto Pullino 103, 00154 Rom
www.lamaisonnetteristrot.it

15 Mercat Bistrot & Old Bar

Wäre Cinzia Mannello mit gerade mal 29 Jahren nicht so wagemutig gewesen, ihr eigenes Lokal zu eröffnen, würde heute dem In-Viertel Ostiense das wunderbare Mercat Bistrot & Old Bar fehlen. Eine Location, die ein modernes und *sophisticated* Publikum magisch anzieht. An der Vintage-Bar werden stilvoll Cocktails gemixt. Aus der Küche kommen raffinierte Kleinigkeiten. Im Hintergrund läuft gute Musik, und die Atmosphäre ist herrlich entspannt. Beste Zutaten für einen langen römischen Abend!

Via del Gazometro 44–48, 00154 Rom

16 Stazione di Posta

Stazione di Posta ist ein spannender Ort für einen leichten Lunch mit Niveau oder ein ausgedehntes Dinner, bei dem Auge und Gaumen voll auf ihre Kosten kommen! Mitten auf dem Gelände des Ex-Schlachthofes in Testaccio gelegen, lässt die postindustrielle Optik erst einmal nicht vermuten, dass hier innovative Sterneküche serviert wird. Hinter der modernen Glasfassade jedoch kombiniert Chefkoch Guido Nastri Bio-Zutaten mit viel Kreativität und kulinarischen Eindrücken, die er auf seinen vielen Reisen gesammelt hat.

Largo Dino Frisullo 1, 00153 Rom
www.stazionediposta.eu

IRENE RANALDI

Stadtsoziologin
und Autorin

IRENE RANALDI IST VON GANZEM HERZEN RÖMERIN. Regelmäßig berichtet die Stadtsoziologin über die Veränderungen und Entwicklungen in ihrer Stadt in Zeitschriften und im Internet. Seit vielen Jahren lebt sie in Testaccio, einem spannenden Stadtviertel jenseits der Touristenströme, dem Irene nicht nur thematisch ein ganzes Buch gewidmet hat. Auch ihr Kulturverein Ottavo Colle hat – was die Namensgebung betrifft – hier seine Wurzeln. Was es damit genau auf sich hat, warum Testaccio so faszinierend ist, und wo man typisch römisch essen geht, davon erzählt Irene Ranaldi nun in einem Interview.

Was ist Ottavo Colle?

Es ist ein Kulturverein, der über das etwas andere Rom sprechen möchte, jenseits von Piazza Navona und Kolosseum. Ein Rom, das außerhalb des Stadtzentrums und der Aufmerksamkeit liegt, aber nicht weniger historisch bedeutsam oder interessant ist. Daher war ich so frei und habe den sieben Hügeln einfach einen *ottavo*, einen achten, hinzugefügt: den antiken Scherbenhügel in Testaccio. Zum einen ist er real, mit einer wunderbaren Aussicht auf Rom. Und zum anderen symbolisiert er das etwas andere Rom, in das ich urbane Exkursionen anbiete.

Wohin führen diese Exkursionen?

Viele Ziele liegen in der Peripherie. Manche führen in Viertel, die in den 1930ern unter Mussolini aus dem Boden gestampft wurden, um Wohnraum zu schaffen. So wie Tor Marancia und San Basilio, in denen wunderbare Street-Art zu entdecken ist. Corviale, das kurioseste Wohnprojekt in Rom, aus den 70ern, steht ebenso auf dem Programm wie ein Ausflug in die Industrie-Archäologie von Ostiense. Ottavo Colle geht überall dorthin, wo kaum jemand interessante Geschichte und Geschichten erwartet, und beweist vor Ort das Gegenteil.

Warum haben Sie Ottavo Colle gegründet?

Aus Leidenschaft für meine Stadt. Ich bin aber nicht nur Römerin, sondern auch Stadtsoziologin. Der Kulturverein ist eine gute Möglichkeit, meinen Beruf und meine Leidenschaft zu verbinden. Außerdem liegt es mir am Herzen, Rom aus unterschiedlichen Perspektiven zu zeigen. So versuche ich ständig, verschiedene Bereiche der römischen Kultur zusammenzuführen. Ich biete Führungen an, bei denen man römische Literatur oder Lieder kennenlernt. Selbstverständlich gibt es auch Touren, auf denen sich alles um typisch römische Küche dreht. Die aktuellen Veranstaltungen findet man auf der Homepage von Ottavo Colle.

Sie haben ein Buch über Testaccio veröffentlicht. Worum geht es darin genau?

Es geht um die Geschichte des Viertels. Weniger um die antiken Ursprünge, sondern mehr um die letzten hundert Jahre. Früher war das hier ein klassisches Arbeiterviertel. Die meisten Bewohner haben im Schlachthof gearbeitet, der in den 1970er-Jahren endgültig geschlossen wurde. Heute ist Testaccio ein sogenanntes In-Viertel mit vielen Restaurants und Bars. Diesen starken Strukturwandel und seine sozialen Folgen zeichne ich in meinem Buch auf. Es hat sich in den letzten Jahren hier einiges verändert. Viele Händler und Handwerker, die seit Jahrzehnten das Bild des

Viertels geprägt haben, mussten ihre Läden schließen. In die leer stehenden Immobilien ist fast immer Gastronomie eingezogen. Ein Phänomen, das man übrigens in ganz Rom beobachten kann.

Was ist für Sie so faszinierend an diesem Stadtteil?

Testaccio ist ein interessanter Mix. Es ist ein populär gewordenes Arbeiterviertel, in dem sich auch die Bourgeoisie seit Längerem wohl fühlt. Hier lebt der Markthändler neben dem Schriftsteller und der Angestellte neben dem jungen Künstler. Bis vor ein paar Jahren haben die wohlhabenden Römer noch einen großen Bogen um Testaccio gemacht. Heute kommen sie am Abend in Scharen, weil die Gegend als hip gilt. Für mich als Stadtsoziologin ist diese Mischung unheimlich faszinierend!

Wo kann man in Testaccio typisch römisch essen?

Ich gehe gern zu *Flavio al Velavevodetto* (S. 209). Es ist wunderschön dort, der Service ist genauso spitze wie die Qualität. Das *Piatto Romano* mag ich auch sehr gern. Es gibt dort einfache, aber sehr leckere römische Hausmannskost.

Welche sind Ihre Lieblingsorte in Rom?

Ich bin an der Piazza Navona groß geworden. Natürlich gehört dieser Platz zu meinen Lieblingsorten. Genauso wie die kleinen Plätze und schmalen Straßen drum herum. Ich bin aber auch gerne in Monti unterwegs mit seinen Kunsthandwerkern und kleinen Läden.

Welche drei Worte beschreiben Rom am besten?

Ewige Stadt. Anarchisch. Liebenswert.

---

17 – Kulturverein Ottavo Colle
www.ottavocolle.com

*»Ewige Stadt.
Anarchisch. Liebenswert.«*

CAFÉ

2 Neve di Latte
14 La Portineria

ESSEN

5 Marzapane
7 Primo al Pigneto
8 SAID del 1923
11 Farinè la Pizza

KUNST & KULTUR

1 Villa Borghese
3 MAXXI
4 Auditorium Parco della Musica
6 MURo
9 Campo Verano
10 Gruppo Storico Romano
12 MAAM

AUSGEHEN

13 Lanificio

UM DIE ALTE STADTMAUER

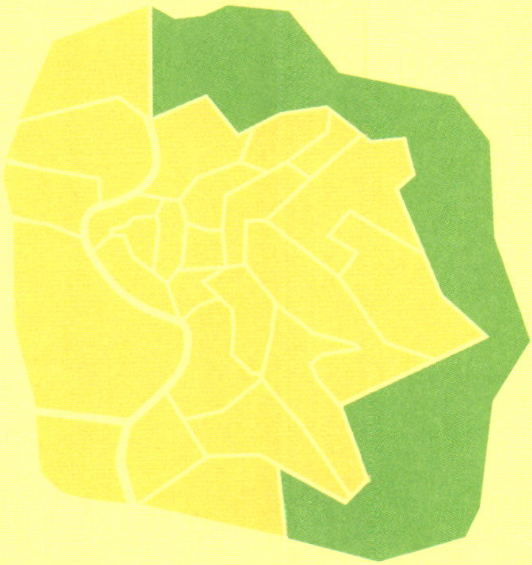

Umringt wird die römische Altstadt mitsamt ihren 22 historischen *rioni* (Stadtteilen) von der noch überraschend gut erhaltenen Aurelianischen Mauer. Um die antike Stadtmauer herum erstrecken sich die Viertel, in denen der römische Alltag fast unter Ausschluss der touristischen Öffentlichkeit stattfindet. Jenseits der barocken Enge der Altstadt und der Relikte aus mehr als 3000 Jahren geballter Geschichte, existiert genug Platz für neue Konzepte und junge Ideen. Wie so oft in Rom, dreht sich auch hier vieles um gutes Essen und Trinken. Aber auch grandiose Kunst und kleine bis große Kulturprojekte haben sich ihre Räume geschaffen und machen einen Blick über den Mauerrand absolut empfehlenswert.

1 Villa Borghese

Die große Parkanlage mitten in der Stadt ist eines der beliebtesten Naherholungsgebiete der Römer. Am Wochenende treffen sie sich hier im Grünen zum Spazierengehen, Fahrradfahren oder Rudern auf einem Miniatursee, die Kleinen bevorzugen eine Fahrt auf dem Karussell oder einen Besuch im Puppentheater. Auch das Kulturprogramm ist nicht zu verachten. Im Globe Theatre wird regelmäßig Shakespeare gegeben. In der Galleria Borghese wartet eine der wertvollsten Kunstsammlungen der Welt.

www.globetheatreroma.com
www.galleriaborghese.it

2 Neve di Latte

Ein langer Metalltisch mit Holzstühlen im Retrolook. Die Installation unsortierter Buchstaben an der Wand. Kaum zu glauben, dass man nicht gerade eine Kunstgalerie betreten hat, sondern eine der besten römischen Eisdielen! Simone Pietro Romano, der *gelatiere*, kreiert aus deutscher Biomilch und anderen natürlichen Zutaten köstliches Eis, für das sich eine Fahrt in der Tram Nr. 2 in den Stadtteil Flaminio lohnt. Pistazie ist ein Gedicht, gesalzenes Karamell ein Genuss, und dunkle Schokolade ist definitiv eine süße Sünde Wert!

Via Luigi Poletti 6, 00196 Rom

3 MAXXI

Lang hat es gedauert, bis Rom endlich sein Nationalmuseum für Gegenwartskunst des 21. Jahrhunderts eröffnen konnte. Zehn Jahre wurde nach den Plänen der Star-Architektin Zaha Hadid gebaut. Nun steht im Viertel Flaminio ein Komplex, der nicht nur Kunst beherbergt, sondern selbst ein Kunstwerk ist. Dominiert von Zement, Stahl und Glas, stellt das MAXXI gewohnte Gesetzmäßigkeiten der Architektur auf den Kopf. Rechte Winkel existieren nicht, Wände sind geschwungen, und Treppen dienen als Brücken.
Via Guido Reni 4a, 00196 Rom
www.fondazionemaxxi.it

4 Auditorium Parco della Musica

Fast jeden Abend findet in den drei Sälen des Auditoriums ein Konzert statt. Ob Jazz, Rock, Pop oder Klassik, die Musikbegeisterung der Römer ist grenzenlos. Besonders beliebt ist eine Konzertreihe unter dem Motto »Der Juli klingt gut«. Dann treten im Amphitheater unter römischem Sternenhimmel nationale und internationale Künstler auf. Entworfen wurden die ungewöhnlichen Konzertsäle, deren Form an Käfer erinnert, von dem renommierten Architekten Renzo Piano.

Viale Pietro de Coubertin 30, 00196 Rom
www.auditorium.com

5 Marzapane

Mit gerade mal 25 Jahren wurde Alba Esteve Ruiz im Jahr 2013 Küchenchefin des damals noch jungen Restaurants. Schnell erkochte sich die Spanierin den Ruf, eine der Kreativsten und Besten an den römischen Kochtöpfen zu sein. Die Römer lieben, was aus der gläsernen Küche auf die hellen Holztische kommt. Unprätentiöse mediterrane Gerichte, die geschmacklich auf den Punkt kommen. Trotz zwischenzeitlicher Erweiterung des Marzapane sind freie Plätze eine Seltenheit. Also unbedingt vorab reservieren!

Via Velletri 39, 00198 Rom
www.marzapaneroma.com

6 MURo

Das ungewöhnliche Museum wurde 2010 vom Künstler David »Diavù« Vecchiato gegründet. Der Eintritt ist kostenlos, und die Kunst, die unter freiem Himmel ausgestellt wird, ist für jedermann zugänglich. Das »Museum für urbane Kunst« zeigt mehr als 20 Street-Art-Werke im Viertel Quadraro im Südosten Roms. Mithilfe eines Internet-Lageplans kann jeder Interessierte die *murales* auf eigene Faust besichtigen. Mehr und vor allem interessante Infos erhält man während einer Tour mit sachkundigem Guide. Auf Italienisch, Französisch oder Englisch.

www.muromuseum.blogspot.it

7 Primo al Pigneto

Seit einiger Zeit gilt das Primo al Pigneto im Osten Roms als Trendquartier mit einem sehr aktiven Nachtleben. Im einstigen Arbeiterviertel reiht sich eine Galerie und Bar an das nächste angesagte Restaurant oder hippe Geschäft, in dem Künstler, Szenemenschen und ganz normale Römer verkehren. Mittendrin liegt das Primo al Pigneto. Ein Hauch von altem Paris und New York weht durch die Räume, in denen bei all dem Sehen und Gesehenwerden das Essen fast zur Nebensache gerät.

Via del Pigneto 46, 00176 Rom
www.primoalpigneto.it

8 SAID del 1923

In der historischen Schokoladenfabrik ist genug Platz für einen Shop, ein Café und ein schickes Restaurant. Während man den Chocolatiers bei ihrer Arbeit zuschaut und an einer heißen Schokolade nippt, könnte man meinen, in eine Filmszene aus *Chocolat* geraten zu sein. Allein dieser verführerischer Duft! Aber statt auf Johnny Depp trifft man hier auf süße Kreationen der Extraklasse, zum sofortigen Genuss oder für zu Hause. Auch am Abend darf die dunkle Köstlichkeit natürlich nicht auf der Karte fehlen.

Via Tiburtina 135, 00185 Rom
www.said.it

SAID

9 Campo Verano

Melancholisch, ein wenig skurril, monumental und vor allen Dingen grün. So lautet die Kurzbeschreibung des größten römischen Friedhofs mitten im turbulenten Studentenviertel San Lorenzo. Illustre Persönlichkeiten haben hier ihre letzte Ruhestätte gefunden: Giuseppe Garibaldi, der Freiheitskämpfer, oder Marcello Mastroianni, der berühmte Schauspieler. So nachdenklich ein Spaziergang über den Campo Verano auch stimmen mag, die Inschriften der prächtigen Gräber erzählen mehr römische Geschichten als mancher Geschichtswälzer.

Piazzale del Verano, 00185 Rom

10 Gruppo Storico Romano

Einmal wie Russell Crowe als Gladiator in der Arena stehen und 2000 Jahre in der Geschichte zurückreisen! Der Traum ist in Rom leicht zu erfüllen. Auf der Via Appia Antica steht eine Gladiatorenschule, in der man unter Anleitung des Kulturvereins Gruppo Storico Romano für zwei Stunden die Holzschwerter krachen lassen kann. Was nach Spaß klingt, ist für die Mitglieder des Vereins eine ernste Sache. Sie studieren die Gebräuche ihrer antiken Vorfahren bis ins kleinste Detail und erwecken sie wieder zu Leben.

Via Appia Antica 17, 00179 Rom
www.gruppostoricoromano.it

11 Farinè la Pizza

Was Francesca Sarra und Carlo Teodori gemeinsam mit ihrem Team jeden Abend ab 19.30 Uhr in ihrem Lokal bieten, ist der pure Pizzagenuss. Die Auswahl ist klein, aber fein. Traditionelle Geschmacks-Klassiker wie Marinara, Margherita oder Napoli werden in drei Größen angeboten. Ausgefallener geht es auf oder in der »Pizza/Calzone der Woche« zu. Statt auf Tellern wird dann nur auf Backpapier serviert, und gegessen wird mit Händen. Was so simpel klingt, schmeckt einfach großartig!

Via degli Aurunci 6–8, 00185 Rom
www.farinelapizza.it

12 MAAM

Fragt man in der zeitgenössischen römischen Kunstszene nach dem *hottest place to be*, lautet die Antwort: MAAM. Das »Museum des Anderen und des Anderswo von Metropoliz« – so die Übersetzung – hat die verlassenen Hallen einer Wurstfarbrik im Osten der Stadt besetzt und den heruntergekommenen Komplex selbst zur Kunst gemacht. Der bietet ausreichend Platz für avantgardistische Werke junger, aber auch renommierter Künstler, die das Projekt unterstützen. Jeden Samstag ab 10.30 Uhr sind die Ateliers und Hallen frei zu besichtigen.

Via Prenestina 913, 00155 Rom

13 Lanificio

Von dem wenig pittoresken Erscheinungsbild der ehemaligen Wollmühle sollte man sich nicht täuschen lassen. Das Lanificio hat es in sich: Ein hippes Restaurant im New Yorker Loftstil, mit Blick auf das Flüsschen Aniene. Einen Club, in dem wechselnde DJs auflegen. Einen Vintage-Möbelmarkt, Ateliers, eine Tanzschule und das (!) Mega-Sommerevent der Stadt. Von Juni bis September wird auf der Dachterrasse allabendlich gegrillt, getrunken, gefeiert und getanzt. Da lohnt sich die Investition für die Taxifahrt.

Via di Pietralata 159, 00158 Rom
www.lanificio.com

Pioneer

GIAN LUCA FORINA & CIRO CALDIERI

Konditor-Weltmeister & Food-Designer *mit Café*

WAS DABEI HERAUSKOMMT, WENN EIN JUNIOREN-WELTMEISTER der Konditoren und ein Food-Designer ein Café eröffnen, das kann man im lebendigen Viertel Salario bestaunen und genießen. Das La Portineria ist ein wahrer Augenschmaus mit Genussgarantie! Von den Decken hängen Omas alte Reibeisen als Lampenschirme, Street-Artisten haben sich an den Wänden verewigt, die an manchen Stellen von oben bis unten mit alten Türen verziert sind. Bunte Muffins fahren in einem Riesenrad, während daneben avantgardistisch anmutende Pralinen, Törtchen und kunstvoll belegte Sandwiches auf anspruchsvolle Gaumen warten. Welche ihrer Kreationen man unbedingt kosten sollte und wer genau hinter La Portineria steckt, davon erzählen die beiden Gründer Gian Luca Forina und Ciro Caldieri in einem Interview.

Ciro, wie kommt man auf die Idee, Food-Designer zu werden?

Ciro: Ich habe Grafikdesign studiert und viel in Bars oder Konditoreien gearbeitet. Die Themen Essen und Design haben mich immer begleitet. So war es für mich naheliegend, beides zu verbinden und meinen Master in Food-Design zu machen.

Haben Sie schon als Kind davon geträumt Konditor-Weltmeister zu werden, Gian Luca?

Gian Luca: Mich hat die Leidenschaft fürs Backen erst vor sieben Jahren gepackt. Nach einem Kurs an einer römischen Food-Akademie, habe ich mein Studium an den Nagel gehängt und bei verschiedenen Konditoren gearbeitet und bekannte italienische Konditoren-Schulen besucht. Nach intensiver Vorbereitung habe ich 2013 an der Konditoren-Weltmeisterschaft teilgenommen und bin mit einer Goldmedaille wieder nach Hause gekommen.

Wie ist die Idee zu La Portineria entstanden?

Ciro: Gian Luca und ich haben uns bei der Arbeit kennengelernt. Die Idee für ein gemeinsames Projekt war schnell da. Wir hatten Lust, neue Wege zu gehen. Nach dem Weltmeistertitel von Gian Luca war der ideale Zeitpunkt, unsere Ideen in die Tat umzusetzen. Wir haben das Konzept ausgeklügelt und die perfekte Location gefunden: eine Kunstgalerie. Auch wenn es Liebe auf den ersten Blick war, haben wir diesen mutigen Schritt sehr genau überdacht. Rom ist kein einfaches Pflaster. Besonders, wenn man etwas plant, das nicht dem typisch römischen Stil entspricht.

Wie würden Sie denn den Stil von La Portineria beschreiben. Klassisch oder eher modern?

Ciro: Beides! Wir arbeiten auf Basis traditioneller Rezepte und verleihen den Ergebnissen einen modernen, eher französischen Look. Genießen soll man unsere Kreationen jedoch in einem Ambiente, das Erinnerungen an Omas Küche weckt. Deshalb das Spitzenmuster auf den Holztischen und statt üblicher Lampenschirme die Töpfe, Schneebesen und Reibeisen. Unsere nostalgische Einrichtung soll nicht nur Emotionen wecken, sondern auch als Brücke zu unseren nicht ganz so typisch römischen Kreationen dienen.

Gian Luca: Unsere Cremes zum Beispiel für die Füllung der *cornetti* (Hörnchen) entstehen traditionell aus wenigen und besten Zutaten. Das macht den Unterschied, den man schmeckt. Besonders ältere Kunden erinnern sich noch an den Geschmack von früher. Andererseits nutze ich bei der Herstellung moderne Geräte, die eine gleichbleibend hohe Qualität garantieren. Und natürlich entwickeln wir ständig Rezepte weiter und experimentieren viel mit Texturen oder Zutaten.

Laut »Gambero Rosso« gibt es bei Ihnen das beste Frühstück in Latium. Was sollte man noch unbedingt probieren?

Ciro: Unsere Profiteroles!

Gian Luca: Es lohnt sich aber auch, in der Lunchpause vorbeizuschauen, um unsere Bagel, Club-Sandwiches oder herzhaften Pancakes zu probieren.

Ciro: Viele Kunden kommen gern am späten Nachmittag zu einer Tasse Tee. Wir bieten 20 Spitzensorten an und dazu passendes Gebäck. Zum Aperitivo gibt es dann leckere Kleinigkeiten, beispielsweise herzhafte Muffins.

Verraten Sie uns Ihre Lieblings-Cocktailbars in Rom?

Gian Luca: Vor Kurzem habe ich die *Makai Surf & Tiki Bar* (S. 223) in Ostiense entdeckt. Die Cocktails sind hervorragend. Gute Drinks gibt es auch im *Scuderie del Colle* nahe dem Kolosseum.

Welches Restaurant empfehlen Sie Rombesuchern?

Ciro: In der Via Bergamo, gibt es das *Pro Loco Pinciano*. Dort arbeiten sie hauptsächlich mit regionalen Zutaten. Gerade für Besucher muss es interessant sein, Rom nicht nur zu sehen, sondern auch einmal zu schmecken.

---

14 – La Portineria
Via Reggio Emilia 22–24
00198 Rom
www.laportineria.it

»Gerade für Besucher muss es sehr interessant sein, Rom nicht nur zu sehen, sondern auch einmal zu schmecken.«

VERANSTALTUNGS-KALENDER

JANUAR / FEBRUAR

ALTA MODA ROMA – FASHION-AUFLAUF IN ROM

In den letzten Januartagen trifft sich die Modewelt am Tiber. Auch wenn Rom nicht Mailand ist, kommen echte Fashionista an den Laufstegen hier auf ihre Kosten.

SALDI – ALLES MUSS RAUS!

Von Anfang Januar bis Mitte Februar purzeln die Preise in den römischen Geschäften. Und zwar mächtig! Ein idealer Zeitraum, um modische Schnäppchen »Made in Italy« zu ergattern.

MÄRZ / APRIL

MARATHON – ROM RENNT

Von seiner besonders sportlichen Seite zeigt sich die Ewige Stadt bei dem international sehr beliebten Marathon, der jedes Jahr höhere Teilnehmerzahlen verbucht. Kein Wunder, denn die 42 Kilometer lange Strecke führt vorbei an Top-Sehenswürdigkeiten aus mehr als 2000 Jahren Geschichte!
www.maratonadiroma.it

NATALE DI ROMA – HAPPY BIRTHDAY ROM

Rund um den 21. April steigt die große Geburtstagsparty für die Ewige Stadt. Kostenloser Eintritt in die Museen, Konzerte auf den großen Plätzen und eine großartige Römer-Parade in Kostümen erwarten den Besucher.
www.natalidiroma.it

MAI / JUNI

PRIMO MAGGIO – ROM ROCKT!

Jedes Jahr aufs Neue findet am 1. Mai ein großes und kostenloses Rockkonzert auf dem Vorplatz der Basilica San Giovanni in Laterano statt.
www.primomaggio.net

ROMA ESTATE – DER RÖMISCHE EVENT-SOMMER BEGINNT

Von Mitte Juni bis September zelebrieren die Römer ihre liebste Jahreszeit mit zahlreichen kulturellen Open-Air-Events an außergewöhnlichen Plätzen: Oper in den Caracalla-Thermen, Lesungen in der Engelsburg, Klassik-Konzerte am Marcellus-Theater und viel, viel mehr!
www.estateromana.comune.roma.it

GAY VILLAGE – FEIERN UNTERM REGENBOGEN

Von Juni bis September steigen jeweils donnerstags bis samstags im Gay Village coole Sommerpartys für Homosexuelle,

Lesben und alle, die Spaß am Feiern haben. | www.gayvillage.it

FESTA DEI SANTI PIETRO E PAOLO
Zu Ehren der Schutzheiligen Peter und Paul finden am 29. Juni zahlreiche Veranstaltungen statt, und am Abend lässt es Rom bei einem Feuerwerk richtig krachen.

JULI / AUGUST

LUNGO IL TEVERE – OPEN-AIR-VERGNÜGEN AM TIBER
Erst wird zwischen der Ponte Sisto und der Tiberinsel entlang des Ufers eine weiße Zeltstadt aufgebaut. Anschließend ziehen Restaurants, Bars und Geschäfte ein und laden bis Ende August zum Flanieren und Genießen bis spät in die Nacht ein. Dazu gibt es Theater, Musik und Poesie!
www.lungoiltevereroma.it

ISOLA DEL CINEMA – KINO AUF DER TIBERINSEL
Auf mehreren Leinwänden, die mitten im Tiber stehen, werden nationale und internationale Filme gezeigt. Begleitet wird das Spektakel, das bis Anfang September dauert, von coolen Lounges und Bars.
www.isoladelcinema.com

ROMA INCONTRA IL MONDO – ROM TRIFFT AUF DIE WELT
Im weitschweifigen Park Villa Ada im Nordosten der Stadt finden mitten im Grünen und unter römischem Sternenhimmel tolle Konzerte und interessante Kulturevents statt.
www.villaada.org

SEPTEMBER / OKTOBER

SILVANO TOTI GLOBE THEATRE – EIN SOMMERNACHTSTRAUM!
In der Villa Borghese steht ein Nachbau des Londoner Globe Theater. Bis in den Oktober hinein gibt das Ensemble hier Stücke von Shakespeare. Hin und wieder auch auf Englisch!
www.globetheatreroma.com

FESTA DEL CINEMA DI ROMA – GANZ GROSSES KINO!
Mit den Filmfestspielen in Venedig nicht ganz zu vergleichen, aber die Filmauswahl ist sehenswert und man sieht hin und wieder einen Star.
www.romacinemafest.it

NOVEMBER / DEZEMBER

ROMA JAZZ FESTIVAL
Der Höhepunkt der Jazz-Saison in Rom! Seit 40 Jahren zieht das Festival internationale Musiker an den Tiber. Gejazzt wird im Auditorium Parco della Musica. | www.romjazzfestival.it

WEIHNACHTEN IN ROM

INTERNATIONALE KRIPPEN-AUSSTELLUNG an der Piazza del Popolo. | www.presepi.it.

WEIHNACHTSMARKT rund um die Piazza Mazzini in Prati

TOLLE WEIHNACHTS-KONZERTE finden unter dem Motto *Natale all'Auditorium* im Parco della Musica statt. Musikalisches Highlight sind die alljährlichen und stimmgewaltigen Auftritte von amerikanischen Gospelchören. | www.auditorium.it

REGISTER

C

D

M

N

O

S

242 SAID del 1923
Via Tiburtina 135, 00185 Rom
Café, Restaurant
18 SBU
Via di San Pantaleo 68–69, 00186 Rom
Shop, Herrenmode
174 Sciascia Caffè
Via Fabio Massimo 80a, 00192 Rom
Café, Kaffeerösterei
45 Shari Vari Playhouse
Via de'Nari 14, 00186 Rom
Ausgehen, Club
154 Solo Crudo
Viale Federico Cesi 22, 00192 Rom
Restaurant
99 Spazio Espanso
Via dei Bergamaschi 60, 00186 Rom
Shop, Damenmode
227 Stazione di Posta
Largo Dino Frisullo, 00153 Rom
Restaurant
182 Studio Forme
Via di Santa Cecilia 15, 00153 Rom
Shop, Glas & Porzellan
121 Suede Store
Via dei Serpenti 127, 00184 Rom
Shop, Sneaker

T

114 The Milk Bar
Via degli Zingari 54, 00184 Rom
Shop, Umstandsmode
144 Tina Sondergaard
Via del Boschetto 1d, 00184 Rom
Shop, Damenmode
74 Tonatto Profumi
Piazza di Pietra 41, 00186 Rom
Shop, Parfümerie & Duftgalerie
212 Tram Depot
Via Marmorata 13, 00153 Rom
Café, Bar

V

187 Verso Sud & Haute Vintage
Piazza di Santa Cecilia 16, 00153 Rom
Shop, Damenmode & Vintage
90 Vintachic
Via Leccosa 2, 00186 Rom
Shop, Vintage-Abendkleider & -Brautmode
218 Volpetti
Via Marmorata 47, 00153 Rom
Shop, Feinkosthändler

Z

31 ZUM-Tiramisu
Piazza del Teatro di Pompeo 20, 00186 Rom
Tiramisu
100 Zuma
Via della Fontanella di Borghese 48, 00186 Rom
Restaurant

DER FOTOGRAF

Thilo Weimar ist in Tübingen geboren und aufgewachsen. Nach einem einjährigen Ausflug nach Rom und langer Zeit in England zog es ihn 2009 an den Gardasee nach Italien.
Von seiner neuen Heimat aus bereist der Fotograf heute Italien und Europa auf der Suche nach schöne Motiven und einzigartigen Momenten. Sein Spezialgebiet liegt in den Bereichen Porträt und Lifestyle, was sich in den Reise- und Food-Fotografien für zahlreiche Verlage und Zeitschriften widerspiegelt. Mehr Informationen unter *www.thiloweimar.com.*

DIE AUTORIN

Nicole Testa-Kerpen wuchs im Rheinland auf. Sie studierte Europa-Betriebswirtschaft und arbeitete in der Werbung, bevor sie 2013 samt Familie nach Rom zog.
Ihre römischen Erlebnisse zwischen *dolce vita* und ewigem Verkehrschaos hält sie seitdem auf dem Blog *www.unterwegs-in-rom.eu* fest. Am liebsten streift sie zusammen mit ihren Lesern jenseits der Touristenpfade durch die italienische Hauptstadt, entdeckt großartige Kunst und Kultur, urbane Stadtviertel, romantische Gassen und tolle Locations.

IMPRESSUM

Verantwortlich: Ulrich Jahn
Redaktion: Juliane Braun, München
Korrektur: Birgit Günther, Utting
Layout: Alexandra Rusitschka, Leipzig
Repro: LUDWIG:media, Zell am See
Kartografie: André Gröhlich, Leipzig
Herstellung: Anna Katavic
Printed in Spain by estellaprint

★ ★ ★ ★ ★

Sind Sie mit diesem Titel zufrieden? Dann würden wir uns über Ihre Weiterempfehlung freuen.
Erzählen Sie es im Freundeskreis, berichten Sie Ihrem Buchhändler, oder bewerten Sie bei Onlinekauf. Und wenn Sie Kritik, Korrekturen, Aktualisierungen haben, freuen wir uns über Ihre Nachricht an NG Buchverlag, Postfach 40 02 09, D-80702 München oder per E-Mail an lektorat@verlagshaus.de.

Alle Angaben dieses Werkes wurden von den Autoren sorgfältig recherchiert und auf den neuesten Stand gebracht sowie vom Verlag geprüft. Für die Richtigkeit der Angaben kann jedoch keine Haftung übernommen werden.

Unser komplettes Programm finden Sie unter

www.nationalgeographic-buch.de

Bildnachweis: Alle Bilder im Innenteil und des Umschlags stammen von Thilo Weimar, außer: Bildagentur Schapowalow (Luigi Vaccarella S. 143 u. Sandra Raccanello S. 194,); Hotel Raphaël S. 34
Umschlagvorderseite: age fotostock / Lookphotos (Colosseum)

Die Deutsche Nationalbibliothek verzeichnet diese Publikation in der Deutschen Nationalbibliografie; detaillierte bibliografische Daten sind im Internet über http://dnb.d-nb.de abrufbar.

ISBN 978-3-86690-548-1

Seit ihrer Gründung 1888 hat sich die National Geographic Society weltweit an mehr als 12 000 Expeditionen, Forschungs- und Schutzprojekten beteiligt. Die Gesellschaft erhält Fördermittel von National Geographic Partners LLC, unterstützt unter anderem durch Ihren Kauf. Ein Teil der Einnahmen dieses Buches hilft uns bei der lebenswichtigen Arbeit zur Bewahrung unserer Welt. Das legendäre NATIONAL GEOGRAPHIC-Magazin erscheint monatlich. Darin veröffentlichen namhafte Fotografen ihre Bilder und renommierte Autoren berichten aus nahezu allen Wissensgebieten der Welt. National Geographic im TV ist ein Premium Dokumentations-Sender, der ein informatives und unterhaltsames Programm rund um dieThemen Wissenschaft, Technik, Geschichte und Weltkulturen bereithält. Falls Sie mehr über National Geographic wissen wollen, besuchen Sie unsere Website unter www.nationalgeographic.de.